AMERICA'S
CHARTERS OF FREEDOM
IN ENGLISH AND SPANISH

La libertad, Sancho, fue uno de los más preciados dones que a los hombres dieron los cielos.

Don Quijote

Liberty, Sancho, was one of the most precious gifts given to men by the Heavens.

Don Quixote

A 19th century engraving of Don Quixote and Sancho Panza by Gustavo Doré as published in the Tribute Edition, with the phrase in English and Spanish: "Liberty, Sancho, was one of the greatest gifts bestowed upon men by the Heavens."

Primera página de la Edición Homenaje. Grabado del siglo XIX de Don Quijote y Sancho Panza por Gustavo Doré con esta frase: *La libertad, Sancho, fue uno de los más preciados dones que a los hombres dieron los cielos.*

AMERICA'S CHARTERS OF FREEDOM IN ENGLISH AND SPANISH:

Declaration of Independence, Constitution,
Bill of Rights, Gettysburg Address
Second Edition

✳✳✳✳✳✳✳✳✳✳✳✳✳

DOCUMENTOS POLÍTICOS FUNDAMENTALES DE ESTADOS UNIDOS EN INGLÉS Y ESPAÑOL:

Declaración de Independencia, Constitución,
Declaración de Derechos,
Alocución de Gettysburg
Segunda edición

Spanish translation by
Versión española de

Carlos B. Vega, Ph.D
Carlos L. Vega, Ph.D

Janaway Publishing, Inc.
Santa Maria, California

Title of this work:
*America's Charters of Freedom in English and Spanish : Declaration of
Independence, Constitution, Bill of Rights, Gettysburg Address.* Second edition.

Traducción al Español del título:
*Documentos politicos fundamentals de Estados Unidos en inglés y español:
Declaración de Independencia, Constitución, Declaración de Derechos,
Alocución de Gettysburg.* Segunda edición.

Translated by Carlos B. Vega and Carlos L. Vega.
Versión española de Carlos B. Vega y Carlos L. Vega.

This is an original Spanish translation of the four U.S. documents done by
Carlos B. Vega, and published before in various editions with consent of the
author. All prior editions have been duly registered with the Library of
Congress.

PUBLISHED BY:
Janaway Publishing, Inc.
732 Kelsey Ct.
Santa Maria, California 93454
(805) 925-1038
www.JanawayGenealogy.com
2012

International Standard Book Number: 978-1-59641-283-5

Library of Congress Control Number: 2012948562

Manufactured in the United States of America

Contents

America's Charters of Freedom in English.. 9

Documentos políticos fundamentales de
    Estados Unidos en español... 73

America's Charters of Freedom in English:

Declaration of Independence
Constitution
Bill of Rights
Gettysburg Address

Spanish translation by

Carlos B. Vega, Ph.D
Carlos L. Vega, Ph.D

Contents

Words from the Prominent on the First Edition..............................13

Introduction...15

Declaration of Independence...23

Constitution...29

Bill of Rights...45

Gettysburg Address...49

Appendix
    The 27 Amendments to the Constitution......................................53

Words from the Prominent on the First Edition

On the occasion of the publication of the monumental work *The U.S. Declaration of Independence and the Constitution in English and Spanish*, on July 4, 1986, prominent figures from across the country hailed its merit with these words:

"Your edition of three of America's greatest documents is a most meaningful addition to my library and will serve as a reminder of your friendship and goodwill."

— President Ronald Reagan

"Prof. Vega is an able, dedicated, and zealous patriot, with a deep concern that Spanish-speaking people would understand and appreciate the esteemed writings of our founding fathers."

— Senator Gerald Cardinale

"Prof. Vega, a Bergen County resident, has distinguished himself as an individual interested in the promotion of better understanding and relations between Hispanics and the community at large. His translation, edition, and publication work throughout the years has assisted his goal of unity. As Governor, I take great pride in commending his work.

— Jim Florio, Governor of New Jersey

"Prof. Vega deserves to be commended for this fine contribution to the body of bilingual literature. His work will provide the non-English proficient Hispanics an opportunity to read these important documents and perhaps to appreciate the foundations of our country and our democratic society. His initiative is a novel venture which replicates with such accuracy and authenticity the spirit of the original documents."

— T.H. Bell, U.S. Secretary of Education

"I don't know of what political persuasion Mr. Carlos B. Vega (Nuestro, Dec. 1981) is, but it seems to me that the Reagan Administration should take note of all the good he is doing in the field of bilingual education. He has developed the "Tele-Guía," a phonetic, bilingual communication system to be used during emergencies; a bilingual pocket guide for policemen; a book of basic hospital vocabulary to be used by Hispanic patients, an English-Spanish legal dictionary, and a basic vocabulary book in the areas of banking, insurance, and taxes to boot.

"This is more than the U.S. Department of Education has done in years. I think Mr. Vega deserves commendation of some sort for doing the job of paper-pushing bureaucrats in Washington. Maybe it is just inherent that there is more creative thought outside of the shadow of the great capitol dome."

— Gabriela Calderón, Teacher, New York City Public Schools

"These translated documents, which have served to form and preserve our "great experiment," will be invaluable resources to the millions of Spanish-speaking residents of our nation.

Dr. Vega is to be commended for his role in this most worthy effort."

— Ruth J. Winerfeld, Chair, League of Women Voters

Introduction.

To our knowledge, this is the first time that all four documents have been published together in a bilingual edition. It is not the first time, however, that they have been translated into Spanish but, except for a translation of the Constitution done in Seville, Spain, in the middle of the nineteenth century, all of the others, leave much to be desired in terms of their overall quality. Most are literal translations hastily done with no regard to the spirit and profound meaning of the originals, choosing hollow words and expressions that in no way convey what was meant to be a milestone of American history.

They served to establish the greatest democratic republic the world has ever known, which to the amazement of all has endured uninterruptedly for over 200 years. However, we affirm and maintain that the ideals and principles they embodied, especially the Constitution, were forged and directed to a selected minority and not the society at large then in its infancy, a minority fully cognizant of the value and true meaning of liberty and freedom. It is but a miracle that given such circumstances it has survived this long, due, perhaps, to the homogenous nature of society, to a well- orchestrated educational system, and, yes, to economic prosperity. But, today's American society is rapidly becoming fragmented with powerful forces pulling not toward the center as in the past, but toward individual beliefs and pursuits based on a plethora of diverse ideologies that are tearing those ideals and principles apart. Today, we question their validity and cast a shadow on their effectiveness as the supreme laws of the land. And thus, there is the danger that one day those documents may become antiquated and break into little pieces plunging humanity into a dark and deep abyss. Granted, democracy is not perfect and the United States has had its share of ill-conceived policies and mistakes, but what's the alternative? History has shown that no nation, from time immemorial, has succeeded in the governing of men no matter how well intended or devised. In the first edition of this publication we referred to the United States as the "eternal land of dreams," committed to the pursuit of Happiness for all men as stated in its "Declaration of Independence." Let's hope that in these tumultuous times that flame will forever shine as man's last hope on earth.

The book is in part directed to Hispanics here and abroad hoping that they embrace those ideals and principles in their long and arduous struggle for liberty and freedom as shared by their great patriots Simón Bolívar and José Martí, among others, for they too have an inherent right to the pursuit of Happiness and perhaps even more for their much suffering and sacrifices over many centuries. Their biggest mistake was, and still is, the fragmentation of a whole—as dreamed by Bolívar—into an amalgam of multiple nations with little or no consequence on the world stage. Had they remained united as one nation, as envisioned by some of their early leaders, they would be today one of the pillars of humanity and a force to be reckoned with. In fact, another United States or even greater because of its glorious history and highly developed civilizations.

This is the second edition of a monumental first edition published on Independence Day, 1986, as a tribute to the United States by thousands of Hispanics from across the nation. A total of 3,500 numbered copies were printed and distributed free to organizations, schools, libraries and federal, state, and municipal offices nationwide with copies housed in the White House, U.S. Congress, National Archives, Library of Congress, National Constitution Center, Monticello, and many others.

The book can be very useful as a complementary reading text in Spanish language courses, bilingual courses, English courses for Spanish-speakers, and of course in translation courses.

Key Dates and Places of the Four Documents

Declaration of Independence
Adopted on July 4, 1776, in Philadelphia and signed by members of Congress on August 2, 1776, and later.

Constitution
It consists of a Preamble and 7 articles, as well as 26 amendments added at a later date. Ratified on 17 September 1787 in Philadelphia and put in force the first Wednesday of March 1789.

Bill of Rights
Are the first ten amendments to the Constitution and were incorporated into the document on different dates.

Gettysburg Address
Proclaimed by President Abraham Lincoln in the Gettysburg cemetery of Pennsylvania on 19 November 1863.

The Capital of the United States

Every freedom-loving person should visit the Nation's capital in Washington, D.C. It is replete with locations, buildings and monuments of national historical significance and houses millions of papers, books, mementos and items which often reflect, define, and explain the history of the United States of America.

Located and preserved in Washington's National Archives are the originals of the three founding documents produced by Congress — the Declaration of Independence, the Constitution, and the Bill of Rights. These three documents, known collectively as the Charters of Freedom, have secured the rights of the American people for more than two and a quarter centuries, and all of which are jealously kept on public display in the National Archives' Rotunda for the Charters of Freedom.

After visiting the Rotunda, one should take a tour of the Capitol, which is headquarters of both of the country's legislative chambers, the Senate and the House of Representatives, and the monuments to Jefferson and Lincoln, both of which are truly impressive. The Supreme Court should also prove of interest, since most all of the court's decisions have some basis in the Charters of Freedom.

Also of interest would be visits to the White House; Library of Congress; Smithsonian Institution; monuments of the first President of the nation, George Washington; and Arlington National Cemetery, where rests the body of President John F. Kennedy. Ford's Theater, where President Lincoln was assassinated on April 14, 1865, is also a favorite for those with an interest in President Lincoln and the political history surrounding his assassination.

The best time of year to visit is spring, when throughout the city breathes the perfumed air of native trees in flower, and the famous Cherry Blossoms, donated by Japan. They emphasize the neatness of the city and the care of your care, including plenty of public parks, avenues, and both State and private buildings.

About the Translators

Carlos B. Vega is a University Professor in New York and author of 48 books to date with several best-sellers, among them, "Painless Spanish" published by Barron's Educational Series. Some of his other works are: *Conquistadoras: Mujeres heroicas de la conquista de América* (Conquistadoras: Heroic Women of the Conquest of America), *Hombres y mujeres de América: Diccionario biográfico-genealógico de nuestros progenitores, siglos XVI-XIX* (Men and Women of America: Biographical/Genealogical Dictionary of Our Ancestors, XVI-XIX

Centuries), and *Our Hispanic Roots: What History Failed To Tell Us*. He was born in Spain but lived for many years in various Latin American countries and since 1960 in the United States. He is a graduate of Indiana University (Blooomington), and the Instituto de Cultura Hispánica/University of Madrid.

Carlos L. Vega, beloved father of the translator, also a native of Spain, was a Spanish professor for many years at leading U.S. universities and author of several literary and philosophical books. His profound wisdom and humanism have always been a source of inspiration not only for his son but to all those fortunate enough to know him.

Thomas Jefferson, author of the Declaration of Independence, and one of the brightest minds of the United States.

The Declaration of Independence

When in the course of human events, it becomes necessary for one people to dissolve the political bands which have connected them with another, and to assume, among the Powers of the earth, the separate and equal station to which the Laws of nature and Nature's God entitle them, a decent respect to the opinions of mankind requires that they should declare the causes which impel them to the separation.

We hold these truths to be self-evident, that all men are created equal, they are endowed by their Creator with certain unalienable Rights, that among these, are Life, Liberty, and the pursuit of Happiness. That, to secure these rights, Governments are instituted among Men, deriving their just Powers from the consent of the governed. That, whenever any form of Government becomes destructive of these ends, it is the Right of the People to alter or to abolish it, and to institute new Government, laying its foundation on such Principles, and organizing its Powers in such form, as to them shall seem most likely to effect their Safety and Happiness. Prudence, indeed, will dictate that Governments long established should not be changed for light and transient causes; and, accordingly, all experience hath shewn, that mankind are more disposed to suffer, while evils are sufferable, than to right themselves by abolishing the forms to which they are accustomed. But, when a long train of abuses and usurpations, pursuing invariably the same Object, evinces a design to reduce them under absolute Despotism, it is their right, it is their duty, to throw off such Government, and to provide new Guards for their future security. Such has been the patient sufferance of these Colonies; and such is now the necessity which constrains them to alter their former Systems of Government. The history of the present King of Great

Britain is a history of repeated injuries and usurpations, all having in direct object the establishment of an absolute Tyranny over these States. To prove this, let Facts be submitted to a candid world.

He has refused his Assent to Laws the most wholesome and necessary for the public good.

He has forbidden his Governors to pass Laws of immediate and pressing importance, unless suspended in their operation till his Assent should be obtained; and when so suspended, he has utterly neglected to attend to them.

He has refused to pass other Laws for the accommodation of large districts of People, unless those People would relinquish the right of Representation in the legislature; a right inestimable to them and formidable to tyrants only.

He has called together legislative bodies at places unusual, uncomfortable, and distant for the sole purpose of fatiguing them into compliance with his measures.

He has dissolved Representative Houses repeatedly, for opposing, with manly firmness, his invasions of the right of the People.

He has refused for a long time, after such dissolutions, to cause others to be elected; whereby the Legislative Powers, incapable of Annihilation, have returned to the People at large for their exercise; the State remaining in the mean time exposed to all the dangers of invasion from without, and convulsions within.

He has endeavoured to prevent the Population of these States; for that purpose obstructing the Laws of Naturalization of Foreigners; refusing to pass others to encourage their migration hither, and raising the conditions of new Appropriations of Lands.

He has obstructed the Administration of Justice, by refusing his Assent to Laws for establishing Judiciary Powers.

He has made judges dependent on his Will alone, for the tenure of their offices, and the amount and payment of their salaries.

He has erected a multitude of New Offices, and sent hither swarms of Officers to harass our People, and eat out their substance.

He has kept among us, in times of Peace, Standing Armies, without the Consent of our legislatures.

He has affected to render the Military independent of and superior to the Civil Power.

He has combined with others to subject us to a jurisdiction foreign to our Constitution, and unacknowledged by our laws; giving his Assent to their Acts of pretended Legislation:

For quartering large bodies of armed troops among us:

For protecting them, by a mock Trial, from Punishment for any Murders which they should commit on the inhabitants of these States:

For cutting off our Trade will all parts of the world:

For imposing Taxes on us without our consent:

For depriving us, in many cases, of the benefits of Trial by Jury:

For transporting us beyond Seas to be tried for pretended offences:

For abolishing the free System of English Laws in a neighbouring Province, establishing therein an Arbitrary government, and enlarging its Boundaries, so as to render it at once an example and fit instrument for introducing the same absolute rule into these Colonies:

For taking away our Charters abolishing our most valuable Laws, and altering fundamentally the Forms of our Governments;

For suspending our own Legislatures, and declaring themselves invested with Power to legislate for us in all cases whatsoever.

He has abdicated Government here, by declaring us out of his protection, and waging War against us.

He has plundered our seas, ravaged our Coasts, burnt our towns, and destroyed the Lives of our People.

He is at this time transporting large Armies of foreign Mercenaries to complete the works of death, desolation and tyranny, already begun with circumstances of Cruelty and perfidy scarcely paralleled in the most barbarous ages, and totally unworthy the Head of a civilized nation.

He has constrained our fellow Citizens, taken Captive on the high Seas, to bear arms against their Country, to become the executioners of their friends and Brethren, or to fall themselves by their Hands.

He has excited domestic insurrections amongst us, and has endeavoured to bring on the inhabitants of our frontiers, the merciless Indian Savages, whose known rule of warfare, is an undistinguished destruction of all ages, sexes and conditions.

In every stage of these Oppressions, we have Petitioned for Redress, in the most humble terms: Our repeated Petitions, have been answered only by repeated injury. A Prince, whose character is thus marked by every act which may define a Tyrant, is unfit to be the ruler of a free People.

Nor have we been wanting in attention to our British brethren. We have warned them from time to time of attempts by their legislature to extend an unwarrantable jurisdiction over us. We have reminded them of the circumstances of our emigration and settlement here. We have appealed to their native justice and magnanimity, and we have conjured them by the ties of our common kindred, to disavow these usurpations, which would inevitably interrupt our connections and correspondence. They too have been deaf to the voice of justice and of consanguinity. We must, therefore, acquiesce in the necessity, which denounces our Separation, and hold them, as we hold the rest of mankind, Enemies in War, in Peace Friends.

We, therefore, the Representatives of the United States of America, in General Congress, Assembled, appealing to the Supreme Judge of the World for the rectitude of our intentions, Do, in the Name, and by the Authority of the good People of these Colonies, solemnly Publish and Declare, that these United Colonies are, and of Right, ought to be free and independent States; that they are absolved from all Allegiance to the British Crown, and that all political connections between them and the State of Great Britain, is and ought to be totally dissolved; and that, as Free and independent States, they have full Power to levy War, conclude Peace, contract Alliances, establish Commerce, and to do all other Acts and Things which independent States may of right do. And for the support of this Declaration, with a firm reliance on the protection of Divine Providence, we mutually pledge to each other our Lives, our Fortunes, and our sacred Honor.

John Hancock

Josiah Bartlett, Wm. Whipple, Saml Adams, John Adams, Robt Treat Paine, Elbridge Gerry, Steph. Hopkins, William Ellery, Roger Sherman, Samel Huntington, Wm. Williams, Oliver Wolcott, Matthew Thornton, Wm. Floyd, Phil Livingston, Frans Lewis, Lewis Morris, Richd. Stockton, Jno. Witherspoon, Fras Hopkinson, John Hart, Abra Clark, Robt. Morris, Benjamin Rush, Benja. Franklin, John Morton, Geo. Clymer, Jas Smith, Geo. Taylor, James Wilson, Geo. Ross, Caesar Rdney, Geo. Read, Thos. M. Kean, Samuel Chase, Wm. Paca, Thos Stone, Charles Carroll of Carrollton, George Wythe, Richard Henry Lee, Th. Jefferson, Benja. Harrison, Thos. Nelson, Jr., Francis Lightfoot Lee, Carter Braxton. Wm. Hooper, Joseph Hewes, John Penn, Edward Rutledge, Thos Heyward, Junr., Thomas Lynch, Junor, Arthur Middleton, Button Gwinnett, Lyman Hall, Geo. Walton.

The Constitution of the United States

Preamble

WE THE PEOPLE of the United States, in order to form a more perfect Union, establish justice, insure domestic tranquility, provide for the common defense, promote the general welfare, and secure the blessings of liberty for ourselves and our posterity, do ordain and establish this Constitution of the United States of America.

Article I

Section 1. All legislative powers herein granted shall be vested in a Congress of the United States, which shall consist of a Senate and a House of Representatives.

Section 2. The House of Representatives shall be composed of members chosen every second year by the people of the several States, and the electors in each State shall have the qualifications requisite for electors of the most numerous branch of the State Legislature.

No person shall be a representative who shall not have attained to the age of twenty-five years and been seven years a citizen of the United States, and who shall not, when elected, be an inhabitant of that State in which he shall be chosen.

Representatives and direct taxes shall be apportioned among the several States which may be included within this Union, according to their respective numbers, which shall be determined by adding to the whole number of free persons, including those bound to service for a term of years, and excluding Indians not taxed, three fifths of all other persons. The actual enumeration shall be made within three years after the first meeting of the Congress of the United States, and within every subsequent term of ten years in such manner as they shall by law direct. The number of representatives shall not exceed one for every thirty thousand, but each shall have at least one representative; and until such enumeration shall be made, the State of New Hampshire shall be entitled to choose three, Massachusetts eight, Rhode Island and Providence Plantations one, Connecticut five, New York six, New Jersey four, Pennsylvania eight, Delaware one, Maryland six, Virginia ten, North Carolina five, South Carolina five, and Georgia three.

When vacancies happen in the representation from any State, the Executive authority thereof shall issue writs of election to fill such vacancies.

The House of Representatives shall choose their Speaker and other officers; and shall have the sole power of impeachment.

Section 3. The Senate of the United States shall be composed of two senators from each State, chosen by the legislature thereof, for six years; and each senator shall have one vote.

Immediately after they shall be assembled in consequence of the first election, they shall be divided as equally as may be into three classes. The seats of the senators of the first class shall be vacated at the expiration of the second year, of the second class at the expiration of the fourth year, and of the third class at the expiration of the sixth year; and if vacancies happen by resignation, or otherwise during the recess of the legislature of any State, the executive thereof may make temporary appointments until the next meeting of the legislature, which shall then fill such vacancies.

No person shall be a senator who shall not have attained to the age of thirty years, and been nine years a citizen of the United States, and who shall not, when elected, be an inhabitant of that State for which he shall be chosen.

The Vice President of the United States shall be the President of the Senate, but shall have no vote, unless they be equally divided.

The Senate shall choose their other officers, and also a President pro tempore, in the absence of the Vice President, or when he shall exercise the office of President of the United States.

The Senate shall have the sole power to try all impeachments. When sitting for that purpose, they shall be on oath or affirmation. When the President of the United States is tried, the Chief Justice shall preside: And no person shall be convicted without the concurrence of two thirds of the members present.

Judgment in cases of impeachment shall not extend further than to removal from office, and disqualification to hold and enjoy any office of honor, trust or profit under the United States: but the party convicted shall nevertheless be liable and subject to indictment, trial, judgment, and punishment, according to law.

Section 4. The times, places and manner of holding elections for senators and representatives, shall be prescribed in each State by the legislature thereof; but the Congress may at any time by law make or alter such regulations except as to the places of choosing senators.

The Congress shall assemble at least once in every year, and such meeting shall be on the first Monday in December, unless they shall by law appoint a different day.

Section 5. Each house shall be the judge of the elections, returns and qualifications of its own members, and a majority of each shall constitute a quorum to do business; but a smaller number may adjourn from day to day, and may be authorized to compel the attendance of absent members, in such manner, and under such penalties as each house may provide.

Each house may determine the rules of its proceedings, punish its members for disorderly behavior, and, with the concurrence of two-thirds, expel a member.

Each house shall keep a journal of its proceedings, and from time to time publish the same, excepting such parts as may in their judgment require secrecy; and the yeas and the nays of the members of either house on any question shall, at the desire of one-fifth of those present, be entered on the journal.

Neither house, during the session of Congress, shall without the consent of the other, adjourn for more than three days, nor to any other place than that in which the two houses shall be sitting.

Section 6. The senators and representatives shall receive a compensation for their services, to be ascertained by law, and paid out of the Treasury of the United States. They shall in all cases, except treason, felony and breach of the peace, be privileged from arrest during their attendance at the session of their respective houses, and in going to and returning from the same; and for any speech or debate in either house, they shall not be questioned in any other place.

No senator or representative shall, during the time of for which he was elected, be appointed to any civil office under the authority of the United States, which shall have been created, or the emoluments whereof shall have been increased during such time; and no person holding any office under the United States, shall be a member of either house during his continuance in office.

Section 7. All bills for raising revenue shall originate in the House of Representatives; but the Senate may propose or concur with amendments as on other bills.

Every bill which shall have passed the House of Representatives and the Senate shall, before it becomes a law, be presented to the President of the United States; if he approves he shall sign it, but if not he shall return it, with his objections to that house in which it shall have originated, who shall enter the objections at large on the journal, and proceed to reconsider it. If after such reconsideration two-thirds of that House shall agree to pass the bill, it shall be sent, together with the objections, to the other House, by which it shall likewise be reconsidered, and if approved by two-thirds of that House, it shall become a law. But in all such cases the vote of both Houses shall be determined by yeas and nays, and the names of the persons voting for and against the bill shall be entered on the journal of each House respectively. If any bill shall not be returned by the President within ten days (Sundays excepted) after it shall have been presented to him, the same shall be a law, in like manner as if he had signed it, unless the Congress by their adjournment prevent its return, in which case it shall not be a law.

Every order, resolution, or vote to which the concurrence of the Senate and the House of Representatives may be necessary (except on a question of adjournment) shall be presented to the President of the United States; and before the same shall take effect, shall be approved by him, or being disapproved by him, shall be repassed by two-thirds of the Senate and the House of Representatives, according to the rules and limitations prescribed in the case of a bill.

Section 8. The Congress shall have power to lay and collect taxes, duties, imposts and excises, to pay the debts and provide for the common defense and general welfare of the United States; but all duties, imposts and excises shall be uniform throughout the United States;

To borrow money on the credit of the United States;

To regulate commerce with foreign nations, and among the several States, and with the Indian tribes;

To establish a uniform rule of naturalization, and uniform laws on the subject of bankruptcies throughout the United States;

To coin money, regulate the value thereof, and of foreign coin, and fix the standard of weights and measures;

To provide for the punishment of counterfeiting the securities and current coin of the United States;

To establish post offices and post roads;

To promote the progress of science and useful arts, by securing for limited times to authors and inventors the exclusive right to their respective writings and discoveries;

To constitute tribunals inferior to the Supreme Court;

To define and punish piracies and felonies committed on the high seas, and offenses against the law of nations;

To declare war, grant letters of marque and reprisal, and make rules concerning captures on land and water;

To raise and support armies, but no appropriation of money to that use shall be for a longer term than two years;

To provide and maintain a Navy;

To make rules for the government and regulation of the land and naval forces;

To provide for calling forth the militia to execute the laws of the Union, suppress insurrections and repel invasions;

To provide for organizing, arming, and disciplining the militia, and for governing such part of them as may be employed in the service of the United States, reserving to the States respectively, the appointment of the officers, and the authority of training the militia according to the discipline prescribed by Congress;

To exercise exclusive legislation in all cases whatsoever, over such district (not exceeding ten miles square) as may, by cession of particular States, and the acceptance of Congress, become the seat of the Government of the United States, and to exercise like authority over all places purchased by the consent of the legislature of the State in which the same shall be, for the erection of forts, magazines, arsenals, dock-yards, and other needful buildings; — And

To make all laws which shall be necessary and proper for carrying into execution the foregoing powers, and all other powers vested by this Constitution in the Government of the United States, or in any department or officer thereof.

Section 9. The migration or importation of such persons as any of the States now existing shall think proper to admit, shall not be prohibited by the Congress prior to the year one thousand eight hundred and eight, but a tax or duty may be imposed on such importation, not exceeding ten dollars for each person.

The privilege of the writ of habeas corpus shall not be suspended, unless when in cases of rebellion or invasion the public safety may require it.

No bill of attainder or ex post facto law shall be passed.

No capitation, or other direct, tax shall be laid, unless in proportion to the census or enumeration herein before directed to be taken.

No tax or duty shall be laid on articles exported from any State.

No preference shall be given by any regulation of commerce or revenue to the ports of one State over those of another: nor shall vessels bound to, or from, one State, be obliged to enter, clear, or pay duties in another.

No money shall be drawn from the Treasury but in consequence of appropriations made by law; and a regular statement and account of the receipts and expenditures of all public money shall be published from time to time.

No title of nobility shall be granted by the United States: And no person holding any office of profit or trust under them, without the consent of the Congress, accept of any present, emolument, office, or title, of any kind whatsoever, from any King, Prince, or foreign State.

Section 10. No State shall enter into any treaty, alliance, or confederation; grant letters of marque and reprisal; coin money; emit bills of credit; make any Thing but gold and silver coin a tender in payment of debts; pass any bill of attainder, ex post facto law, or law impairing the obligation of contracts, or grant any title of nobility.

No State shall, without the consent of the Congress, lay any imposts or duties on imports or exports, except what may be absolutely necessary for executing its inspection laws: and the net produce of all duties and imposts, laid by any State on imports or exports, shall be for the use of the Treasury of the United States; and all such laws shall be subject to the revision and control of the Congress.

No State shall, without the consent of the Congress, lay any duty of tonnage keep troops, or ships of war in time of peace, enter into any agreement or compact with another State, or with a foreign power, or engage in war, unless actually invaded, or in such imminent danger as will not admit of delay.

Article II

Section 1. The executive power shall be vested in a President of the United States of America. He shall hold his office during the term of four years, and, together with the Vice President, chosen for the same term, be elected as follows:

Each State, shall appoint, in such manner as the legislature thereof may direct, a number of electors, equal to the whole number of senators and representatives to which the State may be entitled in the Congress; but no senator or representative, or person holding an office of trust or profit under the United States shall be appointed an elector.

The electors shall meet in their respective States, and vote by ballot for two persons, of whom one at least shall not be an inhabitant of the same State with themselves. And they shall make a list of all the persons voted for, and of the number of votes for each; which list they shall sign and certify, and transmit sealed to the seat of the Government of the United States, directed to the President of the Senate. The President of the Senate shall, in the presence of the Senate and House of Representatives, open all the certificates, and the votes shall then be counted. The person having the greatest number of votes shall be the President, if such number be a majority of the whole number of electors appointed; and if there be more than one who have such majority, and have an equal number of votes, then the House of Representatives shall immediately choose by ballot one of them for President; and if no person have a majority then from the five highest of the list the said House shall in like manner choose the President. But in choosing the President, the votes shall be taken by States, the representation from each State having one vote; a quorum for this purpose shall consist of a member or members from two-thirds of the States, and a majority of all the States shall be necessary to a choice. In every case, after the choice of the President, the person having the greatest number of votes of the electors shall be the Vice President. But if there should remain two or more who have equal votes, the Senate shall choose from them by ballot the Vice President.

The Congress may determine the time of choosing the electors, and the day on which they shall give their votes; which day shall be the same throughout the United States.

No person except a natural born citizen, or a citizen of the United States, at the time of the adoption of this Constitution, shall be eligible to the office of President; neither shall any person be eligible to that office who shall not have attained to the age of thirty-five years, and been fourteen years a resident within the United States.

In case of the removal of the President from office, or of his death, resignation, or inability to discharge the powers and duties of the said office, the same shall devolve on the Vice President, and the Congress may by law provide for the case of removal, death, resignation, or inability, both of the President and Vice President, declaring what officer shall then act as President, and such officer shall act accordingly, until the disability be removed, or a President shall be elected.

The President shall, at stated times, receive for his services, a compensation, which shall neither be increased nor diminished during the period for which he shall have been elected, and he shall not receive within that period any other emolument from the United States, or any of them.

Before he enter on the execution of his office, he shall take the following oath or affirmation: — "I do solemnly swear (or affirm) that I will faithfully execute the office of President of the United

States, and will to the best of my ability, preserve, protect and defend the Constitution of the United States."

Section 2. The President shall be Commander in Chief of the Army and Navy of the United States, and of the militia of the several States, when called into the actual service of the United States; he may require the opinion, in writing, of the principal officer in each of the Executive Departments, upon any subject relating to the duties of their respective offices, and he shall have power to grant reprieves and pardons for offenses against the United States, except in cases of impeachment.

He shall have power, by and with the advice and consent of the Senate, to make treaties, provided two-thirds of the Senators present concur; and he shall nominate, and by and with the advice and consent of the Senate, shall appoint ambassadors, other public ministers and consuls, Judges of the Supreme Court, and all other officers of the United States, whose appointments are not herein otherwise provided for, and which shall be established by law: but the Congress may by law vest the appointment of such inferior officers, as they think proper, in the President alone, in the courts of law, or in the heads of departments.

The President shall have power to fill up all vacancies that may happen during the recess of the Senate, by grating commissions which shall expire at the end of their next session.

Section 3. He shall from time to time give to the Congress information of the state of the Union, and recommend to their consideration such measures as he shall judge necessary an expedient; he may, on extraordinary occasions, convene both houses, or either of them, and in case of disagreement between them, with respect to the time of adjournment, he may adjourn them to such time as he shall think proper; he shall receive ambassadors and other public ministers; he shall take care that the laws be faithfully executed, and shall commission all the officers of the United States.

Section 4. The President, Vice President, and all civil officers of the United States, shall be removed from office on impeachment for, and conviction of, treason, bribery, or other high crimes and misdemeanors.

Article III

Section 1. The judicial power of the United States, shall be vested in one Supreme Court, and in such inferior courts as the Congress may from time to time ordain and establish. The judges, both of the supreme and inferior courts, shall hold their offices during good behaviour, and shall, at stated times, receive for their services, a compensation, which shall not be diminished during their continuance in office.

Section 2. The judicial power shall extend to all cases, in law and equity, arising under this Constitution, the laws of the United States, and treaties made, or which shall be made, under their authority; — to all cases affecting ambassadors, other public ministers and consuls; — to all cases of admiralty and maritime jurisdiction; — to controversies to which the United States shall be a party; — to controversies between two or more States; — between a State and citizens of another State; — between citizens of different States; — between citizens of the same State claiming lands under grants of different States, and between a State, or the citizens thereof, and foreign States, citizens or subjects.

In all cases affecting ambassadors, other public ministers and consuls, and those in which a State shall be a party, the Supreme Court shall have original jurisdiction. In all the other cases before mentioned, the Supreme Court shall have appellate jurisdiction, both as to law and fact, with such exceptions, and under such regulations as the Congress shall make.

The trial of all crimes, except in cases of impeachment, shall be by jury; and such trial shall be held in the State where the said crimes shall have been committed; but when not committed within any State, the trial shall be at such place or places as the Congress may by law have directed.

Section 3. Treason against the United States, shall consist only in levying war against them, or in adhering to their enemies giving them aid and comfort. No person shall be convicted of treason unless on the testimony of two witnesses to the same overt act or on confession in open court.

The Congress shall have power to declare the punishment of treason, but no attainder of treason shall work corruption of blood, or forfeiture except during the life of the person attainted.

Article IV

Section 1. Full faith and credit shall be given in each State to the public acts, records, and judicial proceedings of every other State. And the Congress may by general laws prescribe the manner in which such acts, records and proceedings shall be proved, and the effect thereof.

Section 2. The citizens of each State shall be entitled to all privileges and immunities of citizens in the several States.

A person charged in any State with treason, felony, or other crime, who shall flee from justice, and be found in another State, shall on demand of the executive authority of the State from which he fled, be delivered up, to be removed to the State having jurisdiction of the crime.

No person held to service or labour in one State, under the laws thereof, escaping into another, shall, in consequence of any law or regulation therein, be discharged from such service or labour, but shall be delivered up on claim of the party to whom such service or labour may be due.

Section 3. New States may be admitted by the Congress into this Union; but no new State shall be formed or erected within the jurisdiction of any other State; nor any State be formed by the junction of two or more States, or parts of States, without the consent of the legislatures of the States concerned as well as of the Congress.

The Congress shall have power to dispose of and make all needful rules and regulations respecting the Territory or other property belonging to the United States; and nothing in this Constitution shall be so construed as to prejudice any claims of the United States, or of any particular State.

Section 4. The United States shall guarantee to every State in this Union a republican form of Government, and shall protect each of them against invasion; and on application of the legislature, or of the executive (when the legislature cannot be convened) against domestic violence.

Article V

The Congress, whenever two-thirds of both Houses shall deem it necessary, shall propose amendments to this Constitution, or on the application of the legislatures of two-thirds of the several States, shall call a convention for proposing amendments, which, in either case, shall be valid to all intents and purposes, as part of this Constitution, when ratified by the legislatures of three-fourths of the several States, or by conventions in three-fourths thereof, as the one or the other mode of ratification may be proposed by the Congress; provided that no amendment which may be made prior to the year one thousand eight hundred and eight shall in any manner affect the first and fourth clauses in the Ninth Section of the First Article; and that no State, without its consent, shall be deprived of its equal suffrage in the Senate.

Article VI

All debts contracted and engagements entered into, before the adoption of this Constitution, shall be as valid against the United States under this Constitution, as under the Confederation.

This Constitution, and the laws of the United States which shall be made in pursuance thereof and all treaties made, or which shall be made, under the authority of the United States, shall be the supreme law of the land; and the judges in every State shall be bound thereby, anything in the Constitution or laws of any State to the contrary notwithstanding.

The senators and representatives before mentioned, and the members of the several State legislatures, and all executive and judicial officers, both of the United States and of the several States, shall be bound by oath or affirmation, to support this Constitution; but no religious test shall ever be required as a qualification to any office or public trust under the United States.

Article VII

The ratification of the conventions of nine States, shall be sufficient for the establishment of this Constitution between the States so ratifying the same.

Done in convention by the unanimous consent of the States present the seventeenth day of September in the year of our Lord one thousand seven hundred and eighty seven and of the Independence of the United States of America the twelfth. In witness whereof we have hereunto subscribed our names.

Go. Washington, President and deputy from Virginia; Attest William Jackson, Secretary: Delaware: Geo. Read, Gunning Bedford, jr., John Dickinson, Richard Bassett, Jaco. Broom; Maryland: James McHenry, Daniel of St. Thomas Jenifer, Daniel Carroll; Virginia:

John Blair, James Madison, Jr.; North Carolina: Wm. Blount, Richd. Dobbs Spaight, Hu Williamson; South Carolina: J. Rutledge, Charles Cotesworth Pinckney, Charles Pinckney, Pierce Butler; Georgia: William Few, Abr. Baldwin; New Hampshire: John Langdon, Nicholas Gilman; Massachusetts: Nathaniel Gorham, Rufus King; Connecticut: Wm. Saml. Johnson, Roger Sherman; New York: Alexander Hamilton; New Jersey: Wil. Livingston, David Brearley, Wm. Paterson, Jona. Dayton; Pennsylvania: B. Franklin, Thomas Mifflin, Robt. Morris, Geo. Clymer, Thos. FitzSimons, Jared Ingersoll, James Wilson, Gouv. Morris.

Note:

As it can be seen, the Constitution contains a total of seven articles to which 27 amendments were later added at different times. Part of the amendments, actually the first ones, were proposed and adopted by the First Congress in its first session in New York City September 25th, 1789, and consequently ratified by the various states of the Union. The first ten amendments, after the first two had been taken out, that is to say numbers one and two, were called the Bill of Rights. In other words, the originals amendments one and two were rejected and three to twelve ratified.

The Bill of Rights

The following text is a transcription of the first ten amendments to the Constitution in their original form. These amendments were ratified December 15, 1791, and form what is known as the "Bill of Rights."

Article I

Congress shall make no law respecting an establishment of religion, or prohibiting the free exercise thereof; or abridging the freedom of speech, or of the press; or the right of the people peaceably to assemble, and to petition the Government for a redress of grievances.

Article II

A well regulated militia, being necessary to the security of a free State, the right of the people to keep and bear arms, shall not be infringed.

Article III

No soldier shall, in time of peace be quartered in any house, without the consent of the owner, nor in time of war, but in the manner to be prescribed by law.

Article IV

The right of the people to be secured in their persons, houses, papers, and effects, against unreasonable searches and seizures, shall not be violated, and no warrants shall issue, but upon probable cause, supported by oath or affirmation, and particularly describing the place to be searched, and the persons or things to be seized.

Article V

No person shall be held to answer for a capital, or otherwise infamous crime, unless on a presentment or indictment of a Grand Jury, except in cases arising in the land or naval forces, or in the militia when in actual service in time of war or public danger; nor shall any person be subject for the same offense to be twice put in

jeopardy of life or limb; nor shall be compelled in any criminal case to be a witness against himself, nor be deprived of life, liberty, or property, without due process of law; nor shall private property be taken for public use, without just compensation.

Article VI

In all criminal prosecutions, the accused shall enjoy the right to a speedy and public trial, by an impartial jury of the State and district wherein the crime shall have been committed, which district shall have been previously ascertained by law, and to be informed of the nature and cause of the accusation; to be confronted with the witness against him; to have compulsory process for obtaining witnesses in his favor, and to have the assistance of counsel for his defense.

Article VII

In suits of common law, where the value in controversy shall exceed twenty dollars, the right of trial by jury shall be preserved, and no fact tried by a jury, shall be otherwise reexamined in any court of the United States, than according to the rules of the common law.

Article VIII

Excessive bail shall not be required, nor excessive fines imposed, nor cruel and unusual punishment inflicted.

Article IX

The enumeration in the Constitution, of certain rights, shall not be construed to deny or disparage others retained by the people.

Article X

The powers not delegated to the United States by this Constitution, nor prohibited by it to the States, are reserved to the States respectively, or to the people.

The Gettysburg Address

Fourscore and seven years ago our fathers brought forth on this continent, a new nation, conceived in liberty, and dedicated to the proposition that all men are created equal.

We are now engaged in a great civil war, testing whether that nation or any nation so conceived and so dedicated, can long endure. We are met on a great battlefield of that war. We have come to dedicate a portion of that field as a final resting place for those who here gave their lives that this nation might live. It is altogether fitting and proper that we should do this.

But, in a larger sense, we cannot dedicate—we cannot consecrate—we cannot hallow—this ground. The brave men, living and dead, who struggled here, have consecrated it, far above our poor power to add or detract. The world will little note, nor long remember what we say here, but it can never forget what they did here. It is for us the living, rather, to be dedicated here to the unfinished work which they who fought here have thus far so nobly advanced. It is rather for us to be here dedicated to the great task remaining before us—that from these honored dead we take increased devotion to the cause for which they gave the last measure of devotion—that we here highly resolve that these dead shall not have died in vain—that this nation, under God, shall have a new birth of freedom—and that government of the people, by the people, for the people, shall not perish from the earth.

Appendix

The 27 Amendments to the Constitution

Article I

Congress shall make no law respecting an establishment of religion, or prohibiting the free exercise thereof; or abridging the freedom of speech, or of the press; or the right of the people peaceably to assemble, and to petition the Government for a redress of grievances.

Article II

A well regulated militia, being necessary to the security of a free State, the right of the people to keep and bear arms, shall not be infringed.

Article III

No soldier shall, in time of peace be quartered in any house, without the consent of the owner, nor in time of war, but in a manner to be prescribed by law.

Article IV

The right of the people to be secure in their persons, houses, papers, and effects, against unreasonable searches and seizures, shall not be violated, and no warrants shall issue, but upon probable cause, supported by oath or affirmation, and particularly describing the place to be searched, and the persons or things to be seized.

Article V

No person shall be held to answer for a capital, or otherwise infamous crime, unless on a presentment or indictment of a Grand Jury, except in cases arising in the land and naval forces, or in the militia, when in actual service in time of war or public danger; nor shall any person be subject for the same offense to be twice put in jeopardy of life or limb; nor shall be compelled in any criminal case to be a witness against himself, nor be deprived of life, liberty, or property, without due process of law; nor shall private property be taken for public use, without just compensation.

Article VI

In all criminal prosecutions, the accused shall enjoy the right to a speedy and public trial, by an impartial jury of the State and district wherein the crime shall have been committed, which district shall have been previously ascertained by law, and to be informed of the nature and cause of the accusation; to be confronted with the witness against him; to have compulsory process for obtaining witnesses in his favor, and to have the assistance of counsel for his defense.

Article VII

In suits of common law, where the value in controversy shall exceed twenty dollars, the right of trial by jury shall be preserved, and no fact tried by a jury, shall be otherwise reexamined in any court of the United States, than according to the rules of the common law.

Article VIII

Excessive bail shall not be required, nor excessive fines imposed, nor cruel and unusual punishment inflicted.

Article IX

The enumeration in the Constitution, of certain rights, shall not be construed to deny or disparage others retained by the people.

Article X

The powers not delegated to the United States by the Constitution, nor prohibited by it to the States, are reserved to the States respectively, or to the people.

Article XI

Passed by Congress March 4, 1794. Ratified February 7, 1795.

The judicial power of the United States shall not be construed to extend to any suit in law or equity, commenced or prosecuted against one of the United States by the citizens of another State, or by citizens or subjects of any foreign State.

Article XII

Passed by Congress December 9, 1803. Ratified June 15, 1804.

The electors shall meet in their respective States, and vote by ballot for President and Vice President, one of whom, at least, shall not be an inhabitant of the same State with themselves; they shall name in their ballots the person voted for as President, and in distinct ballots the person voted for as Vice President, and they shall make distinct lists of all persons voted for as President, and of all persons voted for as Vice President, and of the number of votes for each, which lists they shall sign and certify, and transmit sealed to the seat of the government of the United States, directed to the President of the Senate; — The President of the Senate shall, in presence of the Senate and House of Representatives, open all the certificates and the votes shall then be counted; — The person having the greatest number of votes for President shall be the President, if such number be a majority of the whole number of electors appointed; and if no person have such majority, then from the persons having the highest numbers not exceeding three on the list of those voted for as President, the House of Representatives shall choose immediately, by ballot, the President. But in choosing the President, the votes shall be taken by States, the representation from each State having one vote; a quorum for this purpose shall consist of a member or members from two-thirds of the States and a majority of all the States shall be necessary to a choice. And if the House of Representatives shall not choose a President whenever the right of choice shall devolve upon them, before the fourth day of March next following, then the Vice President shall act as President, as in the case of the death or other constitutional disability of the President; — The person having the greatest number of votes as Vice President, shall be the Vice President, if such number be a majority of the whole number of electors appointed and if no person have a majority, then from the two highest numbers on the list, the Senate shall choose the Vice President; a quorum for the purpose shall consist of two-thirds of the whole number of Senators, and a majority of the whole number shall be necessary to a choice. But no person constitutionally ineligible to the office of President shall be eligible to that of Vice President of the United States.

Article XIII

Passed by Congress January 31, 1865. Ratified December 6, 1865.

Section 1. Neither slavery nor involuntary servitude, except as a punishment for crime whereof the party shall have been duly convicted, shall exist within the United States, or any place subject to their jurisdiction.

Section 2. Congress shall have power to enforce this article by appropriate legislation.

Article XIV

Passed by Congress June 13, 1866. Ratified July 9, 1868.

Section 1. All persons born or naturalized in the United States, and subject to the jurisdiction thereof, are citizens of the United States and of the State wherein they reside. No State shall make or enforce any law which shall abridge the privileges or immunities of citizens of the United States; nor shall any State deprive any person of life, liberty, or property, without due process of law; nor deny to any person within its jurisdiction the equal protection of the laws.

Section 2. Representatives shall be apportioned among the several States according to heir respective numbers, counting the whole number of persons in each State, excluding Indians not taxed. But when the right to vote at any election for the choice of electors for President and Vice President of the United States, Representatives in Congress, the executive and judicial officers of a State, or the members of the legislature thereof, is denied to any of the male inhabitants of such State, being twenty-one years of age, and citizens of the United States or in any way abridged, except for participation in rebellion, or other crime, the basis of representation therein shall be reduced in the proportion which the number of such male citizens shall bear to the whole number of male citizens twenty-one years of age in each State.

Section 3. No person shall be a Senator or Representative in Congress, or elector of President and Vice President, or hold any office, civil or military, under the United States, or under any State, who, having previously taken an oath, as a member of Congress or as an officer of the United States, or as a member of any State legislature, or as an executive or judicial officer of any State, to support the Constitution of the United States, shall have engaged in insurrection or rebellion against the same, or given aid or comfort to the enemies thereof. But Congress may by a vote of two-thirds of each house, remove such disability.

Section 4. The validity of the public debt of the United States, authorized by law, including debts incurred for payment of pensions and bounties for services in suppressing insurrection or rebellion, shall not be questioned. But neither the United States nor any State shall assume or pay any debt or obligation incurred in aid of insurrection or rebellion against the United States, or any claim for the loss or emancipation of any slave; but all such debts, obligations and claims shall be held illegal and void.

Section 5. The Congress shall have the power to enforce, by appropriate legislation, the provisions of this article.

Article XV
Passed by Congress February 26, 1869. Ratified February 3, 1870.

Section 1. The right of citizens of the United States to vote shall not be denied or abridged by the United States or by any State on account of race, color, or previous condition of servitude.

Section 2. The Congress shall have the power to enforce this article by appropriate legislation.

Article XVI

Passed by Congress July 2, 1909. Ratified February 3, 1913.

The Congress shall have power to lay and collect taxes on incomes, from whatever source derived, without apportionment among the several States, and without regard to any census or enumeration.

Article XVII

Passed by Congress May 13, 1912. Ratified April 8, 1913.

Section 1. The Senate of the United States shall be composed of two senators from each State, elected by the people thereof, for six years; and each senator shall have one vote. The electors in each State shall have the qualifications requisite for electors of the most numerous branch of the State legislature.

Section 2. When vacancies happen in the representation of any State in the Senate, the executive authority of such State shall issue writs of election to fill such vacancies: Provided, That he legislature of any State may empower the executive thereof to make temporary appointments until the people fill the vacancies by election as the legislature may direct.

Section 3. This amendment shall not be so construed as to affect the election or term of any senator chosen before it becomes valid as part of the Constitution.

Article XVIII

Passed by Congress December 18, 1917. Ratified January 16, 1919.
Repealed by amendment 21.

Section 1. After one year from the ratification of this article the manufacture, sale, or transportation of intoxicating liquors within, the importation thereof into, or the exportation thereof from the United

States and all territory subject to the jurisdiction thereof for beverage purposes is hereby prohibited.

Section 2. The Congress and the several States shall have concurrent power to enforce this article by appropriate legislation.

Section 3. This article shall be inoperative unless it shall have been ratified as an amendment to the Constitution by the legislatures of the several States, as provided in the Constitution, within seven years from the date of the submission hereof to the States by the Congress.

Article XIX

Passed by Congress June 4, 1919. Ratified August 18, 1920.

Section 1. The right of the citizens of the United States to vote shall not be denied or abridged by the United States or by any State on account of sex.

Section 2. Congress shall have the power to enforce this article by appropriate legislation.

Article XX

Passed by Congress March 2, 1932. Ratified January 23, 1933.

Section 1. The terms of President and Vice President shall end at noon on the 20th day of January, and the terms of Senators and Representatives at noon on the 3d day of January, of the years in which such terms would have ended if this article had not been ratified; and the terms of their successors shall then begin.

Section 2. The Congress shall assemble at least once in every year, and such meeting shall begin at noon on the 3d day of January, unless they shall by law appoint a different day.

Section 3. If, at the time fixed for the beginning of the term of the President, the President elect shall have died, the Vice President elect shall become President. If a President shall not have been chosen before the time fixed for the beginning of his term, or if the President elect shall have failed to qualify, then the Vice President elect shall act as President until a President shall have qualified; and the Congress may by law provide for the case wherein neither a President elect nor a Vice President elect shall have qualified, declaring who shall then act as President, or the manner in which one who is to act shall be elected, and such person shall act accordingly until a President or Vice President shall have qualified.

Section 4. The Congress may by law provide for the case of the death of any of the persons from whom the House of Representatives may choose a President whenever the right of choice shall have devolved upon them, and for the case of the death of any of the persons from whom the Senate may choose a Vice President whenever the right of choice shall have devolved upon them.

Section 5. Sections 1 and 2 shall take effect on the 5th day of October following the ratification of this article.

Section 6. This article shall be inoperative unless it shall have been ratified as an amendment to the Constitution by the legislatures of three-fourths of the several States within seven years from the date of the submission.

Article XXI

Passed by Congress February 20, 1933. Ratified December 5, 1933.

Section 1. The eighteenth article of amendment to the Constitution of the United States is hereby repealed.

Section 2. The transportation or importation into any State, Territory, or possession of the United States for delivery or use therein of intoxicating liquors, in violation of the laws thereof, is hereby prohibited.

Section 3. This article shall be inoperative unless it shall have been ratified as an amendment to the Constitution by conventions in the several States, as provided in the Constitution, within seven years from the date of the submission hereof to the States by the Congress.

Article XXII

Passed by Congress March 21, 1947. Ratified February 27, 1951.

Section 1. No person shall be elected to the office of the President more than twice, and no person who has held the office of President, or acted as President, for more than 2 years of a term to which some other person was elected President shall be elected to the office of the President more than once. But this Article shall not apply to any person holding the office of President when this Article was proposed by the Congress, and shall not prevent any person who may be holding the office of President, or acting as President, during the term within which this Article becomes operative from holding the office of President or acting as President during the remainder of such term.

Section 2. This Article shall be inoperative unless it shall have been ratified as an amendment to the Constitution by the legislatures of three-fourths of the several States within 7 years from the date of its submission to the States by the Congress.

Article XXIII

Passed by Congress June 16, 1960. Ratified March 29, 1961.

Section 1. The District constituting the seat of Government of the United States shall appoint in such manner as the Congress may direct:

A number of electors of President and Vice President equal to the whole number of Senators and Representatives in Congress to which the District would be entitled if it were a State, but in no event more than the least populous State; they shall be in addition to those appointed by the States, but they shall be considered, for the purpose of the election of President and Vice President, to be electors appointed by a State; and they shall meet in the District and perform such duties as provided by the twelfth article of amendment.

Section 2. The Congress shall have the power to enforce this article by appropriate legislation.

Article XXIV

Passed by Congress August 27, 1962. Ratified January 23, 1964.

Section 1. The right of citizens of the United States to vote in any primary or other election for President or Vice President, for electors for President of Vice President, or for Senator or Representative in Congress, shall not be denied or abridged by the United States or any State by reason of failure to pay any poll tax or other tax.

Section 2. The Congress shall have the power to enforce this article by appropriate legislation.

Article XXV

Passed by Congress July 6, 1965. Ratified February 10, 1967.

Section 1. In case of the removal of the President from office or of his death or resignation, the Vice President shall become President.

Section 2. Whenever there is a vacancy in the office of the Vice President, the President shall nominate a Vice President who shall take office upon confirmation by a majority vote of both Houses of Congress.

Section 3. Whenever the President transmits to the President pro tempore of the Senate and the Speaker of the House of Representatives his written declaration that he is unable to discharge the powers and duties of his office, and until he transmits to them a written declaration to the contrary, such powers and duties shall be discharged by the Vice President as acting President.

Section 4. Whenever the Vice President and a majority of either the principal officers of the executive departments or of such other body as Congress may by law provide, transmit to the President pro tempore of the Senate and the Speaker of the House of Representatives their written declaration that the President is unable to discharge the powers and duties of his office, the Vice President shall immediately assume the powers and duties of the office as Acting President.

Thereafter, when the President transmits to the president pro tempore of the Senate and the Speaker of the House of Representatives his written declaration that no inability exists, he shall resume the powers and duties of his office unless the Vice President and a majority of either the principal officers of the executive department or of such other body as Congress may by law provide, transmit within four days to the President pro tempore of the Senate and the Speaker of the House of Representatives their written declaration that the President is unable to discharge the powers and duties of his office. Thereupon Congress shall decide the issue, assembling within forty-eight hours for that purpose if not in session. If the Congress, within twenty-one days after receipt of the latter written declaration, or, if Congress is not in session, within twenty-one days after Congress is required to assemble, determines by two-thirds vote of both Houses that the President is unable to discharge the powers and duties of his office, the Vice President shall continue to discharge the same as Acting President; otherwise, the President shall resume the powers and duties of his office.

Article XXVI

Passed by Congress March 23, 1971. Ratified July 1, 1971.
Note: Amendment 14, section 2, of the Constitution was modified by section 1 of the 26th amendment.

Section 1. The right of citizens of the United States, who are eighteen years of age or older, to vote shall not be denied or abridged by the United States or by any State on account of age.

Section 2. The Congress shall have the power to enforce this article by appropriate legislation.

Article XXVII

Originally proposed <u>Sept. 25, 1789</u>. Ratified May 7, 1992.

No law, varying the compensation for the services of the Senators and Representatives, shall take effect, until an election of representatives shall have intervened.

In Tribute To These
United States Of America
Eternal Land of Dreams
From
**The Hispanic-American
People**
Forever Grateful

In English & Spanish

U.S. Constitution

**Declaration
Of
Independence**

Independence Day, 1986
Carlos B. Vega, Publisher

The cover of the Tribute Edition, published on Independence Day, 1986.
Overall size: 18" x 24", cover in red, white, and blue, 72 pages, printed on parchment paper
with 18th century vignettes and borders throughout. On permanent display at the Library of
Congress, National Archives, National Constitution Center, and the Ronald Reagan Museum,
U.S. Congress Library, and others.

Portada de la gran Edición Homenaje publicada el 4 de julio de 1986.

March 12, 1982

Dear Professor Vega:

Congressman Frank Guarini has kindly sent me
a copy of your Spanish translation of the
United States Constitution, Declaration of
Independence, and The Gettysburg Address. I
want you to know that I greatly appreciate
your thoughtfulness in remembering me with one
of the first copies of your work, produced in
commemoration of the 129th anniversary of Jose
Julian Marti. Jose Marti was indeed a great
statesman and patriot who contributed signifi-
cantly to the development of the freedoms
established in the Western Hemisphere.

Your edition of three of America's greatest
documents is a most meaningful addition to my
library and will serve as a reminder of your
friendship and goodwill.

Again, with gratitude, and with my best wishes,

Sincerely,

Ronald Reagan

Professor Carlos B. Vega
Apartment 6K
5601 Boulevard East
West New York, New Jersey 07093

Presentation of the Tribute Edition to former U.S. Chief Justice Warren Burger at his office in the Supreme Court. From l. to r. Justice Burger, Congressman Frank J. Guarini (NJ), and Carlos B. Vega.

Presentación de la Edición Homenaje al antiguo presidente del Tribunal Supremo de Estados Unidos Warren Burger.

The Chief Justice of the United States perusing his copy (#3) of the Tribute Edition on his desk, obviously very thrilled, with Congressman Frank J. Guarini (NJ), and Carlos B. Vega.

Warren Burger revisando muy satisfecho la Edición Homenaje.

Presentation of the Tribute Edition to members of the U.S. Congress at the Capitol Rotunda.
From l. to r. Ambassador of Spain, Senator Dennis DeConcini (AZ), Carlos B. Vega, Congressman Frank J. Guarini (NJ), and Donald E. Reilly from the U.S. Bicentennial Commission.

Presentación de la Edición Homenaje a miembros del Congreso de Estados Unidos en la rotonda del Capitolio Nacional.

Carlos B. Vega at a meeting with former U.S. Secretary of State Henry Kissinger and a younger Donald Trump, on left.

Reunión de Carlos B. Vega con el antiguo Ministro de Estado de Estados Unidos Henry Kissinger y Donald Trump.

Documentos políticos fundamentales de Estados Unidos en español:

Declaración de Independencia
Constitución
Declaración de Derechos
Alocución de Gettysburg

Versión española de

Carlos B. Vega, Ph.D
Carlos L. Vega, Ph.D

Contenido

Palabras de figuras destacadas sobre la primera edición 77

Introducción 79

Declaración de Independencia 87

Constitución 93

Declaración de Derechos 109

Alocución de Gettysburg 113

Apéndice
    Las 27 Enmiendas a la Constitución 117

Palabras de figuras destacadas sobre la primera edición

Con motivo de la publicación de la monumental obra *The U.S. Declaration of Independence and the Constitution in English and Spanish,* el 4 de julio de 1986, destacadas figuras de este país reconocieron su mérito con estas palabras:

"Your edition of three of America's greatest documents is a most meaningful addition to my library and will serve as a reminder of your friendship and goodwill."

— President Ronald Reagan

"Prof. Vega is an able, dedicated, and zealous patriot, with a deep concern that Spanish-speaking people would understand and appreciate the esteemed writings of our founding fathers."

— Senator Gerald Cardinale

"Prof. Vega, a Bergen County resident, has distinguished himself as an individual interested in the promotion of better understanding and relations between Hispanics and the community at large. His translation, edition, and publication work throughout the years has assisted his goal of unity. As Governor, I take great pride in commending his work.

— Jim Florio, Governor of New Jersey

"Prof. Vega deserves to be commended for this fine contribution to the body of bilingual literature. His work will provide the non- English proficient Hispanics an opportunity to read these important documents and perhaps to appreciate the foundations of our country and our democratic society. His initiative is a novel venture which replicates with such accuracy and authenticity the spirit of the original documents."

— T.H. Bell, U.S. Secretary of Education

"I don't know of what political persuasion Mr. Carlos B. Vega (Nuestro, Dec. 1981) is, but it seems to me that the Reagan Administration should take note of all the good he is doing in the field of bilingual education. He has developed the "Tele-Guía," a phonetic, bilingual communication system to be used during emergencies; a bilingual pocket guide for policemen; a book of basic hospital vocabulary to be used by Hispanic patients, an English-Spanish legal dictionary, and a basic vocabulary book in the areas of banking, insurance, and taxes to boot.

"This is more than the U.S. Department of Education has done in years. I think Mr. Vega deserves commendation of some sort for doing the job of paper-pushing bureaucrats in Washington. Maybe it is just inherent that there is more creative thought outside of the shadow of the great capitol dome."

— Gabriela Calderón, Teacher, New York City Public Schools

"These translated documents, which have served to form and preserve our "great experiment," will be invaluable resources to the millions of Spanish-speaking residents of our nation.

"Dr. Vega is to be commended for his role in this most worthy effort."

— Ruth J. Winerfeld, Chair, League of Women Voters

Introducción

En este libro se presentan los textos completos de los cuatros documentos políticos claves de Estados Unidos que sirvieron para sentar las bases de su sistema de gobierno democrático, y que son:

-*Declaración de Independencia*
-*Constitución*
-*Declaración de Derechos*
-*Alocución de Gettysburg*

Todos ellos han servido para mantener firme e inquebrantable la unión norteamericana a lo largo de más de doscientos años, desde 1776 hasta nuestros días, logro extraordinario especialmente si se compara con la historia de otros pueblos antiguos o modernos y no digamos la de los contemporáneos. Así, el gran "experimento norteamericano" ha llegado a una etapa feliz y esperamos que tenga larga vida. Como dijo el benemérito patriota norteamericano Benjamin Franklin "no se trata de fundar una república sino de saberla preservar".

¿Es la democracia aspiración de todo ser humano? Sí lo es. ¿Tenemos todos derecho a ella? Sí lo tenemos. ¿Sabemos todos apreciarla y ponerla en marcha como base fundamental de nuestro sistema de gobierno? Aquí ya nos enlodamos. Puede que sí y puede que no, pero si tomamos en cuenta la historia pasada y presente de infinidad de países a uno y otro lado del Atlántico, es casi seguro que nos sintamos un poco pesimistas. Todo ser humano sueña con ser libre, con regir su propio destino, con hacer valer sus derechos que considera inherentes lo cual sólo puede lograrse y sobre todo subsistir bajo un sistema de gobierno realmente democrático. Pero—y este es un gran pero—la democracia es en extremo frágil y quebradiza y el mantenerla viva exige entenderla, cuidarla y protegerla. Mantenemos que la democracia norteamericana no solamente fue creada por un puñado de verdaderos patriotas e idealistas sino dirigida a una minoría muy selecta consciente de sus valores y significado histórico. Hoy está en manos de más de trescientos millones de almas lo que nos hace titubear en cuanto a su durabilidad. Además, la de hoy, no es una sociedad homogénea como la de antes sino más bien fragmentada por diferentes ideologías y sistemas de vida. Así, y por las mismas causas de desestimarla o no entenderla, se disiparon los sueños de Bolívar, Martí y tantos otros cual gotas de lluvia en el mar. Es más, hoy se pone en tela de juicio muchos de los principios declarados en estos documentos y hay hasta quien afirma que muchos de ellos pecan de anacronismo, es decir, que no guardan relación ninguna con la realidad existente. ¿Será esto verdad? De serlo esos documentos se irán poco a poco apolillando hasta deshacerse un día en pedazos dejando, a nuestro parecer, al mundo sumido en tinieblas. Así, concordamos con el pensar de que Estados Unidos continúa siendo la gran esperanza del mundo al que no nos imaginamos sin su presencia aun considerando sus defectos y errores a través de los años. Después de todo, no acto, obra o empeño humano es perfecto máxime tratándose del gobierno de los pueblos. Fue y es un experimento político por lo que puede continuar triunfando o fracasar. Nadie lo sabe. Lo que sí sabemos es que las tiranías no funcionan y que las monarquías tuvieron su tiempo muchas de las cuales no dejaron de ser tiranías también. En resumidas cuentas, según atestigua la historia antigua y moderna, los hombres no han sabido gobernarse hasta que en 1776, en lo que eran entonces trece colonias insignificantes, rasgó el cielo un rayito de luz avivando la esperanza de un mundo mejor. Ese logro le corresponde a un solo país que son los Estados Unidos de Norteamérica y así hay que reconocerlo aun por parte de sus enemigos que cada vez se multiplican por razones bien sabidas.

La *Declaración de Independencia* no es sólo un importante documento político sino además un tesoro literario y filosófico escrito en un lenguaje y estilo exquisitos del que se desprende una inocencia, sinceridad, sentimiento e idealismo sobrecogedores y, a la vez, un pensar, una forma de ver la vida en la que el ser humano se nos presenta como eje vital de su circunstancia, es decir, como centro del universo. Y este ser humano es el hombre común, el llamado vulgo, la masa, y no reyes o emperadores, nobles o aristócratas. Y, así, la Constitución comienza con estas tres sencillas y conmovedoras palabras: *We The People,* (Nosotros el pueblo), es decir, el proletariado o "los de abajo" que llamara Azuela, los que aspiraban a una vida mejor y más justa. No menos exquisitez de forma y contenido se desprende de la *Alocución de Gettysburg,* escrita varios años después por mano del venerable Abraham Lincoln que sirvió de estímulo para preservar la unión republicana arrinconada por una cruenta guerra civil. Gloria de esta nación es que lo haya logrado y que esa llama de justicia y equidad, de felicidad y bienestar colectivo, de libertad plena, se haya mantenido fulgurante por más de dos siglos.

En cuanto a la traducción española de los textos vale decir que fue labor ardua y que requirió mucho estudio y paciencia y ante todo amor. Decía Cervantes que para él una traducción era *como un lienzo visto al revés* en la que el espíritu, propósito y lenguaje del autor se convertían en meras sombras que se perdían en intrincadas callejuelas. Esperamos que la nuestra sea un lienzo visto al derecho y que se considere digna del espíritu y sentido de los originales.

La presente es una segunda edición de la primera de gran formato y lujo que se publicó el 4 de julio de 1986 en homenaje a Estados Unidos en el que participaron miles de hispanos de todo el país y cuyas firmas se anexaron al texto bajo el lema "Thank You, America" (Gracias América). Se imprimieron en total 3.500 ejemplares numerados que fueron repartidos gratuitamente por todo el país a organizaciones, colegios, bibliotecas y funcionarios gubernamentales, y así figuran ejemplares en la Casa Blanca, Biblioteca del Congreso, Archivo Nacional, Centro Nacional de la Constitución y Monticello, entre otros muchos. Véanse las fotos en el centro del libro.

Va dirigida al hispano en general, al de aquí y al de allá, con el propósito y esperanza de que le sirva de guía y estímulo en su largo afán de lograr una vida más justa y acorde con los ideales humanos. Se presta, además, como texto de lectura complementaria en cursos de español de nivel avanzado y desde luego en cursos de traducción y de inglés para hispanohablantes.

Se advierte que todos los textos en inglés se presentan en su lenguaje original por lo que llamarán la atención algunas palabras ya vertidas al inglés moderno. No debe llamar la atención que algunas de ellas vayan escritas en letra mayúscula según el texto original con lo que se buscó hacerlas resaltar.

Fechas y lugares claves de los cuatro documentos:

Declaración de Independencia
Adoptada el 4 de julio de 1776 en Filadelfia y firmada por miembros del Congreso el 2 de agosto de 1776 y después.

Constitución
Consta de un Preámbulo y 7 artículos así como de 26 enmiendas añadidas posteriormente. Ratificada el 17 de septiembre de 1787 en Filadelfia y puesta en vigor el primer miércoles de marzo de 1789.

Declaración de Derechos
La forman las diez primeras enmiendas a la Constitución y se incorporaron en distintas fechas.

Alocución de Gettysburg
Proclamada por el presidente Abraham Lincoln en el cementerio de Gettysburg de Pennsylvania el 19 de noviembre de 1863.

La capital de Estados Unidos

Toda persona amante de la libertad debe visitar la capital del país, Washington D.C. En el llamado National Archives, o Archivo Nacional, se conservan los originales de tres de los documentos aquí presentados: *Declaración de Independencia, Constitución, Declaración de Derechos* celosamente guardados y en pública exposición en la rotonda. Una vez visto esto, hay que darse una vuelta por el Capitolio, sede de ambas cámaras legislativas, y por los monumentos a Jefferson ya Lincoln, verdaderamente impresionantes. No pueden faltar visitas a la Casa Blanca, Biblioteca del Congreso, Smithsonian Institution, monumentos del primer presidente de la nación George Washington y el Lincoln, cementerio de Arlington, donde reposa el cuerpo del presidente John F. Kennedy, Tribunal Supremo, y el Ford's Theater donde fue asesinado el presidente Lincoln el 14 de abril de 1865, un Viernes Santo, y tantos otros lugares de interés. La mejor época del año para visitarla es la primavera cuando por toda la ciudad se respira el aire perfumado de los árboles en flor, de los famosos Cherry Blossoms donados por el Japón. Resaltan la pulcritud de la ciudad y el esmero de su cuidado, incluyendo infinidad de bellos parques públicos, avenidas y edificios estatales y particulares.

Sobre los traductores

Carlos B. Vega es profesor universitario en Nueva York y autor de 48 obras hasta la fecha entre las que destacan varias de gran éxito editorial como "Painless Spanish" de la editorial Barron's Educational Series. Otras de sus obras son: *Conquistadoras: Mujeres heroicas de la conquista de América, Hombres y mujeres de América: Diccionario biográfico-Genealógico de nuestros progenitores, siglos XVI-XIX,* y *Our Hispanic Roots: What History Failed To Tell Us.* Nació en España pero con muchos años de vivencia en varios países de América y desde 1960 en Estados Unidos. Es graduado de la Universidad de Indiana (Bloomington) y de la Universidad de Madrid.

Carlos L. Vega, amado padre del traductor, español también, fue profesor de español por muchos años en Estados Unidos y autor de varias obras literarias y filosóficas. Su honda sabiduría y humanismo han sido siempre fuente de gran inspiración no sólo para su hijo sino para todo aquél que tuvo la dicha de cruzar su camino.

Thomas Jefferson, autor de la Declaración de Independencia y uno de los más excelsos pensadores y patriotas de Estados Unidos

Declaración de Independencia de Estados Unidos

Cuando en el decurso del humano acontecer llega a hacerse necesario que un pueblo desate los lazos políticos que por largo tiempo lo han mantenido ligado a otros, asumiendo así, dentro de los Poderes de la tierra, aquella posición de independencia e igualdad a que por ley natural y divina tiene derecho, entonces el respeto que el decoro impone a las opiniones humanas exige que dicho pueblo haga manifiestas las causas que lo fuerzan a tal separación.

Mantenemos como grandes verdades las aquí declaradas, a saber: que todos los hombres nacen iguales, que a todos les confiere su Creador ciertos derechos inalienables, entre los cuales están la vida, la libertad y la busca de la felicidad, y que para garantizar esos derechos los hombres instituyen gobiernos que derivan sus justos poderes del consentimiento de los gobernados. Mantenemos asimismo que siempre que un gobierno, sea cual fuere, ponga en peligro o trate de impedir o menoscabar la realización de los susodichos fines, el pueblo está en su pleno derecho de cambiarlo o abolirlo y de instituir otro nuevo basado en los principios antes mentados, organizando sus poderes de la manera que dicho pueblo crea más adecuada para su propia seguridad. Ciertamente la prudencia nos enseña que los gobiernos de largo tiempo establecidos no deben ser rechazados por causas livianas o pasajeras, y sabemos que a veces el hombre prefiere malas normas a que lo han habituado, implantando otras nuevas. Pero cuando una interminable cadena de abusos y usurpaciones va invariablemente enderezada al mismo designio patentizando el deseo de someter al hombre a un régimen de despotismo absoluto, es derecho y aun deber de ese hombre deshacerse de semejante gobierno y procurarse nuevos gobernantes que le garanticen su seguridad futura. Pues bien, tal ha sido el paciente sufrimiento de estas colonias, y tal es ahora la necesidad que las constriñe a modificar su antiguo sistema de gobierno. La historia del que es hoy monarca de Inglaterra es una historia de reiteradas infamias y usurpaciones, encaminadas todas a imponer una tiranía absoluta en estos Estados. Para probarlo nos ceñiremos aquí a la estricta realidad de unos hechos incontestables que sometemos a la consideración de un mundo imparcial y libre de prejuicios.

El monarca de Inglaterra se ha negado a autorizar con su real sanción leyes beneficiosas y necesarias para nuestro pueblo.

Ha prohibido a sus gobernadores la aprobación de leyes importantes y de superlativa urgencia, suspendiendo la entrada en vigor de las mismas hasta el otorgamiento de su real venia, y, una vez suspendidas, ha rehusado tomarlas en consideración.

Ha denegado su beneplácito a proyectos de leyes beneficiosas para gran número de personas a menos que estas renunciasen a su derecho de representación en el Poder legislativo; derecho que es de inestimable valor para el pueblo y pavoroso únicamente para los tiranos.

Ha convocado conjuntamente a los Cuerpos colegisladores en lugares inusitados, incómodos y muy alejados de los archivos en que se-guardan sus documentos oficiales, sin más propósito que el de fatigarles e imponerles su regia voluntad.

Ha disuelto repetidamente las Cámaras de Representantes por oponerse estos con viril entereza a las invasiones por la Corona de los derechos del pueblo.

Por largos períodos de tiempo, luego de tales disoluciones, ha rechazado convocar a otros ciudadanos a nuevas elecciones, por causa de lo cual los Cuerpos colegisladores, al no poder ser eliminados, han tenido que recurrir al pueblo para el ejercicio de sus altas funciones, dándose así ocasión a que, durante su forzada inactividad, quedase el Estado a merced de posibles invasiones del exterior o a convulsiones internas en el propio territorio.

Ha puesto gran empeño en impedir el crecimiento de la población de estos Estados, poniendo dificultades a las leyes de naturalización, así como a otras favorecedoras de la inmigración, exigiendo más requisitos para las nuevas apropiaciones de estas tierras.

Ha dificultado la administración de Justicia negando su sanción a leyes que se proponían el establecimiento del Poder judicial.

Ha nombrado jueces dependientes de la sola real voluntad para mantenerse en el ejercicio de sus cargos y para cobrar sus correspondientes sueldos.

Ha creado multitud de nuevas dependencias gubernamentales, imponiéndoles un desmedido número de funcionarios que no hacen más que hostigar y exprimir a nuestro pueblo.

Ha mantenido entre nosotros en tiempos de paz ejércitos en pie de guerra sin contar con el obligado consentimiento de nuestros Cuerpos colegisladores.

Ha afectado crear un Ejército independiente y superior al del Poder civil.

En connivencia con otros países nos ha sometido a jurisdicciones ajenas a nuestra Constitución o no reconocidas por nuestras leyes, otorgando su real sanción a las disposiciones de esta pretensa legislación:

Por alojar entre nosotros grandes Cuerpos de fuerzas armadas:

Por protegerlas mediante un simulacro de juicio del justo castigo que les era debido por delitos perpetrados contra habitantes de estos Estados:

Por impedirnos el libre comercio con otras naciones:

Por exigirnos el pago de impuestos sin nuestro consentimiento:
Por privarnos en numerosos casos de los beneficios del juicio por Jurado:

Por trasladarnos allende los mares para ser juzgados por pretendidas ofensas:

Por abolir el libre sistema de las leyes inglesas en una provincia vecina implantando en ella un gobierno arbitrario, y ampliando su jurisdicción para que sirva de ejemplo y adecuado instrumento que le permita introducir el mismo gobierno en otras colonias:

Por despojarnos de nuestras Cartas constitucionales aboliendo nuestras más caras leyes y cambiando radicalmente nuestro sistema de gobierno:

Por suspender nuestras propias legislaturas declarándose ellos a la vez investidos del poder para legislar en todo momento en nombre nuestro.

Ha abdicado al gobierno de estas colonias, dejándonos así sin protección y declarándonos la guerra.

Ha saqueado nuestros mares, arrasado nuestras costas, incendiado nuestras ciudades y aniquilado nuestras vidas.

En la actualidad ha dado orden para transportar numerosos ejércitos de mercenarios extranjeros que han de dar culminación a la labor de muerte, desolación y tiranía ya comenzada con una crueldad y perfidia sin paralelo aún en las épocas de mayor barbarie, comportamiento más que indigno de quien es soberano de una nación civilizada.

Ha detenido a nuestros ciudadanos, los ha hecho cautivos en alta mar; les ha hecho tomar armas contra su propia nación para ser así verdugos de sus propios semejantes o hacerlos sucumbir a manos de estos.

Ha instigado insurrecciones nacionales y dado paso por nuestros territorios a los habitantes de nuestras fronteras, a los desalmados indios salvajes cuyas conocidas tácticas guerreras practican el total aniquilamiento humano sin reparar en edad, sexo o condición.

En cada ocasión de tales abusos hemos solicitado humildemente que se nos compense; sin embargo, no hemos obtenido otra respuesta que la persistencia en los perjuicios denunciados y en el desdén. Un príncipe cuya conducta es la más cabal definición de la tiranía entendemos que no puede ni debe gobernar a un pueblo libre.

Y no hemos menospreciado a nuestros hermanos ingleses. Periódicamente se les ha informado de la intención por parte de la legislatura de imponernos una legislación totalmente injustificada. Les hemos hecho recordar las circunstancias imperantes al tiempo de nuestra inmigración a estas tierras. Hemos apelado a su natural justicia y magnanimidad, y les hemos rogado con insistencia invocando los lazos de parentesco que nos unen para que desistan de estas usurpaciones que, inevitablemente, han de menoscabar nuestra unión y correspondencia. Pero ellos han desoído el clamor de la justicia y la consanguinidad. Y así nos vemos forzados ante la necesidad, la cual denuncia nuestra separación, y les declaramos tanto a ellos como al resto de la humanidad enemigos en la guerra y amigos en la paz.

Por Tanto, nosotros, los representantes de los Estados Unidos de América, en plena asamblea del Congreso y apelando al Supremo Juez del mundo por la rectitud de nuestras intenciones, solemnemente publicamos y declaramos en nombre y con el consentimiento de la buena gente que puebla estas colonias, que estas colonias unidas tienen el derecho a ser Estados libres e independientes; que quedan desligadas de toda unión con la Corona Británica, y que todo lazo político que pudiese unirles con la Gran Bretaña, queda así totalmente disuelto y que, como Estados libres e independientes, tienen el poder de declarar guerras, hacer la paz, contraer alianzas, comerciar, así como llevar a cabo toda actividad tal como corresponde a las naciones que gozan de plena autonomía.

Y así, para dar respaldo a esta Declaración, y con plena confianza en la protección de la Divina Providencia, mutualmente empeñamos en ello nuestras vidas, fortunas, y sagrado honor.

John Hancock

Josiah Bartlett, Wm. Whipple, Saml. Adams, John Adams, Robt. Treat Paine, Elbridge Gerry, Steph. Hopkins, William Ellery, Roger Sherman, Samel Huntington, Wm. Williams, Oliver Wolcott, Matthew Thornton, Wm. Floyd, Phil Livingston, Frans Lewis, Lewis Morris, Richd. Stockton, Jno. Witherspoon, Fras Hopkinson, John Hart, Abra Clark, Robt. Morris,Benjamin Rush, Benja. Rush, Benja,

Franklin, John Morton, Geo. Clymer, Jas Smith, Geo. Taylor, James Wilson, Geo. Ross, Caesar Rodney, Geo. Read, Thos. M. Kean, Samuel Chase, Wm. Paca, Thos. Stone, Charles Carroll of Carrollton, George Wythe, Richard Henry Lee, Th. Jefferson, Benja. Harrison, Thos. Nelson, Jr., Francis Lightfoot Lee, Carter Braxton, Wm. Hooper, JosephHewes, John Penn, Edward Rutledge, Thos. Heyward, Junr., Thomas Lynch, Junor, Arthur Middleton, Button Gwinnett, Lyman Hall, Geo. Walton.

Constitución de Estados Unidos

Preámbulo

Nosotros, el Pueblo de los Estados Unidos, deseando formar una Unión más perfecta, instituir la justicia, garantizar la Paz Nacional, atender a la Defensa Común, fomentar el Bienestar General, así como salvaguardar la inapreciable Libertad que nos ha sido otorgada, para nosotros y para la posteridad, proclamamos y establecemos esta Constitución de los Estados Unidos.

Artículo I

Sección 1. Todo el Poder Legislativo que la presente Constitución otorga residirá en un Congreso de los Estados Unidos, el cual constará de un Senado y una Cámara de Representantes.

Sección 2. La Cámara de Representantes se compondrá de miembros elegidos cada dos años por el pueblo de los Estados, cuyos electores habrán de reunir los requisitos que para ser tales electores exija la mayoría de los correspondientes Cuerpos colegisladores.

Para ser Representante es imprescindible haber cumplido los veinticinco años de edad, haber sido ciudadano del país durante siete años, así como ser, al celebrarse las elecciones, residente del Estado que lo elige.

El número de Representantes, así como la cuantía de los impuestos directos, se hará proporcionalmente de acuerdo con los Estados existentes (lo cual ha de determinarse sumando el número total de personas libres, incluidas las que han de cumplir servicios por varios años, pero excluyendo a los indios por estar exentos de tributación), las tres quintas partes de todas las demás personas. La enumeración oficial habrá de efectuarse dentro de los tres años siguientes a la primera convocatoria del Congreso de los Estados Unidos, y en plazos sucesivos cada diez años tal como prescribe la ley. El número de Representantes no excederá de uno por cada treinta mil habitantes, pero cada Estado habrá de contar con uno al menos; y, hasta que dichas cifras se alcancen, el Estado de New

Hampshire tendrá derecho a elegir tres, Massachusetts ocho, Rhode Island y Providence Plantations uno, Connecticut cinco, Nueva York siete, Nueva Jersey cuatro, Pennsylvania ocho, Delaware uno, Maryland seis, Virginia diez, Carolina del Norte cinco, Carolina del Sur cinco y Georgia tres.

Al quedar vacantes en la Representación de un Estado, la autoridad ejecutiva competente procederá a cubrirlas mediante decreto electoral.

La Cámara de Representantes elegirá a su presidente y demás componentes, y sólo ella tendrá poder para procesar a funcionarios públicos.

Sección 3. El Senado de los Estados Unidos lo formarán dos senadores por cada Estado (elegidos por la Legislatura correspondiente) y desempeñarán sus cargos por un plazo de seis años; cada Senador poseerá un voto.

En la reunión que siga a la primera elección se dividirá a los senadores en tres clases o grupos: los escaños senatoriales del primer grupo quedarán vacantes al concluir el segundo año; los del segundo grupo, al concluir el cuarto y los del tercero, al concluir el sexto, de forma que un tercio de los Senadores quede elegido cada dos años (de ocurrir vacantes por dimisión u otras causas imprevistas, la autoridad ejecutiva competente hará nombramientos interinos hasta la próxima convocatoria del Poder legislativo, momento en el cual se habrán de proveer tales vacantes).

Para ser Senador es imprescindible haber cumplido los treinta años de edad, haber sido ciudadano de la República durante nueve años y ser, al celebrarse las elecciones, residente del Estado que lo elige.

El Vicepresidente de los Estados Unidos será también el presidente del Senado, pero sin derecho a votar, a menos que el resto de los votos estén empatados. Competirá al Senado el nombramiento de todos sus funcionarios, y, en ausencia del Vicepresidente o cuando este sea llamado a presidir la República, nombrará un Presidente interino.

El Senado tendrá facultad para ordenar el procesamiento de funcionarios públicos y, al convocarse para tal fin, todos los Senadores deberán prestar juramento debidamente ratificado. Y, cuando el procesamiento sea contra el propio Presidente de la República, el jefe del Tribunal Supremo habrá de presidir la sala;

pero nadie podrá sufrir condena sin el consentimiento de las dos terceras partes de los miembros presentes.

Al tratarse de casos en que se procese a un funcionario público, la sentencia correspondiente se limitará a exigir la dimisión de la persona acusada, así como a prohibirle el desempeño de todo cargo honorífico o retribuido dentro de los Estados Unidos. Pero esta persona, no obstante, quedará sujeta a acusación, juicio, sentencia y pena según lo prescrito por las leyes.

Sección 4. Corresponderá al Poder legislativo de cada Estado fijar la fecha, el lugar y la forma en que han de celebrarse las elecciones de los Senadores y Representantes; pero el Congreso podrá mediante ley determinar o alterar dichas circunstancias, con excepción del lugar señalado para la elección de los Senadores.

El Congreso habrá de convocarse al menos una vez por año, y la fecha para ello será el primer lunes de diciembre, salvo que mediante una ley se señale otro día.

Sección 5. Cada Cámara habrá de emitir juicio sobre las elecciones, el cómputo de votos y la competencia de sus propios miembros, y la mayoría de cada Cámara constituirá el quórum para las sesiones, pero un número inferior tendrá facultad para suspender estas de un día a otro, así como para exigir la asistencia de los miembros ausentes, en la forma y bajo las sanciones que al efecto considere más pertinentes.

Le corresponderá a cada Cámara fijar las normas que han de regir en sus sesiones, así como sancionar en su caso el comportamiento indebido de sus miembros, y hasta expulsarlos, siempre y cuando lo acuerden las dos terceras partes de los presentes.

Ambas Cámaras llevarán un Diario de sus sesiones, el cual habrán de publicar periódicamente omitiendo todo dato que se considere confidencial; y mediante la aprobación de la quinta parte de los presentes, igualmente se registrarán en dicho Diario los votos negativos y positivos de toda votación en la que ambas Cámaras participen.

Para suspender las sesiones por más de tres días, durante las actuaciones del Congreso, será preciso que lo aprueben ambas Cámaras, y no podrán trasladarse a otro lugar distinto de aquel en que las dos estén reunidas.

Sección 6. Los Senadores y Representantes percibirán una compensación por sus servicios con cargo al Tesoro de los Estados Unidos. Y salvo los casos de traición, delito o alteración de la paz pública, ni unos ni otros podrán ser detenidos durante las sesiones de sus respectivas Cámaras ni en camino de ida o de regreso a las mismas; y no se les podrá reconvenir o interrogar por lo que puedan haber dicho en otro lugar que no sea la propia sede de la Cámara.

Ningún Senador o Representante podrá, durante el período para el cual ha sido elegido, ser nombrado para un cargo civil, existente o por existir, dentro del Gobierno de los Estados Unidos, así como tampoco se podrán incrementar sus emolumentos en el transcurso de dicho tiempo. Y ninguna persona que se halle desempeñando un cargo civil dentro del Gobierno de los Estados Unidos podrá, durante el desempeño del mismo, pertenecer a ninguna de las dos Cámaras.

Sección 7. Todos los proyectos de ley destinados a la creación o exacción de impuestos, habrán de originarse en la Cámara de

Representantes. No obstante, el Senado podrá hacer las enmiendas que considere oportunas como en los demás proyectos de ley.

Todo proyecto de ley, una vez aprobado por la Cámara de Representantes y el Senado, y antes de convertirse en ley, se someterá a la consideración del Presidente de los Estados Unidos. Si este lo aprueba, lo firmará; en caso contrario lo devolverá junto con sus objeciones a la Cámara de que proceda. Esta, a su vez, consignará dichas objeciones en su Diario, y examinará el proyecto nuevamente.

Si después de examinado las dos terceras partes de la Cámara lo confirman, se someterá, junto con los reparos que se le hayan hecho, a la consideración de la otra Cámara; y si lo confirman las dos terceras partes de esta se convertirá en ley. En todos estos casos serán nominales las votaciones en ambas Cámaras, y se harán constar en los respectivos Diarios los nombres de los que hayan votado en favor o en contra del susodicho proyecto. Si el Presidente no lo devuelve en un plazo de diez días, después de habérsele sometido (sin contar el domingo) quedará automáticamente convertido en ley igual que si él lo hubiese firmado, salvo que no haya podido devolverlo por haber suspendido el Congreso sus sesiones.

Toda orden, resolución o votación que precise la aprobación del Senado o la Cámara de Representantes, salvo los casos de suspensión de sesiones, se someterá al Presidente de los Estados Unidos; pero antes de que pueda entrar en vigor, bien sea que él lo apruebe o desapruebe, habrá de confirmarse por las dos terceras partes del Senado y la Cámara de Representantes, según prescriben las reglas y limitaciones de los proyectos de ley.

Sección 8. Podrá el Congreso imponer y recaudar tributos, derechos e impuestos indirectos para cumplir sus compromisos y atender a la defensa común y el bienestar general de los Estados Unidos; pero todos estos tributos, derechos e impuestos indirectos deberán ser uniformes para toda la República.

Además, el Congreso tendrá poder para: Concertar empréstitos sobre el crédito de los Estados Unidos.

Regular el comercio con otras naciones, entre los Estados y con las tribus indias.

Establecer en todos los Estados Unidos reglas uniformes de naturalización y de bancarrota.

Acuñar moneda y regular el valor de la nacional así como de la extranjera, y fijar el sistema de pesas y medidas.

Castigar la falsificación de obligaciones y el sello de los Estados Unidos.

Establecer oficinas de Correos y rutas postales.

Fomentar el progreso de la ciencia y las artes útiles, asegurándoles por tiempo limitado a autores e inventores el derecho exclusivo de sus respectivos trabajos e invenciones.

Constituir tribunales inferiores al Tribunal Supremo.

Definir y castigar la piratería y otros delitos cometidos en alta mar, y las afrentas y violaciones contra el derecho natural de las naciones.

Declarar la guerra, otorgar patentes de corso o represalia, y dictar leyes para las presas que se hagan en mar y tierra.

Levantar y mantener ejércitos, pero bien entendido que no se podrán destinar fondos para tal uso por un período mayor de dos años.

Establecer y mantener una marina de guerra.

Dictar leyes para el gobierno y organización de las fuerzas terrestres y navales.

Disponer de la movilización de las fuerzas armadas cuando hayan de imponerse las leyes de la Unión, o sofocar rebeliones, o repeler cualquier invasión del exterior.

Atender a la organización, armamento y disciplina de la milicia, y disponer del mando de la misma cuando esta se halle en servicio de los Estados Unidos, reservando a los Estados respectivos el nombramiento de oficiales y la responsabilidad del adiestramiento conforme a las disposiciones prescritas por el Congreso.

Ejercer derecho exclusivo para legislar en todos y en cada uno de los casos sobre aquel distrito (cuya extensión no sea mayor de diez millas cuadradas) que pueda llegar a ser, por cesión de uno u otro

Estado y con la aceptación del Congreso, sede del Gobierno de los Estados Unidos; y para ejercer este mismo poder sobre todos aquellos lugares que hayan sido adquiridos con el consentimiento del Poder legislativo del Estado donde ha de establecerse dicha sede, y que habrán de destinarse para la construcción de fortalezas, polvorines, arsenales, y otros edificios militares necesarios.

Finalmente, dictar todas las leyes que sean indispensables para la ejecución de los poderes antedichos y cuanto otros otorga esta Constitución al Gobierno de los Estados Unidos o a sus empleados o dependencias.

Sección 9. Con anterioridad al año de mil ochocientos ocho no podrá prohibir el Congreso la inmigración o importación de gentes cuya entrada juzguen necesaria cualesquiera de los Estados ahora existentes; pero sí se podrá imponer un tributo o derecho que no sobrepase la suma de diez dólares sobre tales inmigraciones.

No se suspenderá el derecho del individuo al auto de Habeas Corpus, salvo que se juzgue imprescindible en los casos de rebelión o para salvaguardar la seguridad pública.

Las leyes y decretos no tendrán efecto retroactivo.

No se impondrá capitación o tributo directo alguno a menos que se haga en proporción al censo que esta Constitución ordena.

No se impondrá tributo o derecho sobre los artículos que se exporten de cualquier Estado.

En ningún reglamento de comercio o fiscal se dará preferencia a los puertos de un Estado sobre los de otro; ni tampoco se obligará a las embarcaciones que se dirijan o salgan de cualquier Estado, a que entren, sufran reconocimiento o paguen derechos en otro.

No se extraerán fondos del Tesoro salvo de conformidad con las asignaciones prescritas por la ley; y periódicamente se publicará una relación de los ingresos y gastos públicos.

En ningún caso otorgará el Gobierno de los Estados Unidos título nobiliario, y ninguna persona que dentro de este gobierno desempeñe un cargo honorífico o retribuido podrá aceptar, sin contar con la debida autorización del Congreso, regalo, emolumento, cargo o título de ninguna clase por parte de rey, príncipe o nación extranjeros.

Sección 10. Ningún Estado podrá por su propia cuenta concertar tratado, alianza o confederación alguna, ni conceder patentes de corso y de represalias o acuñar moneda o emitir cartas de crédito; ni se valdrá de otro medio que no sea el oro o la plata para el pago de sus de sus deudas, ni promulgará decretos de proscripción o leyes de ex post facto ni otras que impidan el cumplimiento de los contratos. Tampoco podrá conceder títulos nobiliarios.

Ningún Estado podrá, sin contar con previa autorización del Congreso, imponer tributos o derechos en las importaciones o las exportaciones, salvo aquello que se considere imprescindible para la ejecución de sus leyes internas. Y las recaudaciones procedentes de tales tributos o derechos irán a engrosar el Tesoro de los Estados Unidos, y se reservarán para su exclusivo uso. Toda ley al respecto deberá ser revisada e inspeccionada por el Congreso.

Ningún Estado podrá, sin contar con previa autorización del Congreso, imponer derecho alguno sobre tonelaje, ni podrá mantener en tiempos de paz ejércitos o buques de guerra, ni entrará en pactos o convenios con otros Estados ni con naciones extranjeras, ni podrá inmiscuirse en guerras, salvo en que se halle invadido su territorio o en peligro inminente de agresión.

Artículo II

Sección 1. El Poder ejecutivo residirá en un Presidente de los Estados Unidos de América, quien habrá de desempeñar su cargo por un período de cuatro años, junto con un Vicepresidente, que lo será por el mismo tiempo. Ambos serán elegidos como sigue:

Cada Estado habrá de nombrar, según sus propios procedimientos, un número de Compromisarios igual al de Senadores y Representantes a que tenga derecho en el Congreso. Ahora bien, ningún Senador o Representante o persona alguna que desempeñe un cargo honorífico o retribuido dentro del Gobierno de los Estados Unidos, podrá ser nombrado compromisario.

Los electores habrán de reunirse en sus Estados respectivos y elegir por votación a dos personas, de las cuales una al menos no podrá ser residente del mismo Estado de estos electores. De ellos se levantará acta con todas las personas que han recibido votos, y los totales correspondientes a cada una. Hecho esto los electores firmarán y certificarán el acta y, sellada, se transmitirá a la sede del Gobierno de los Estados Unidos, dirigida al presidente del Senado. En este momento, y en presencia del Senado y la Cámara de Representantes, el presidente del Senado dará orden de que se abran todos los certificados y se proceda al cómputo de los votos. La persona que haya obtenido el mayor número de ellos será nombrada Presidente, siempre y cuando dicho número represente una mayoría del total de los electores. Y en el caso de que ambos obtengan mayoría y obtengan igual número de votos, la Cámara de Representantes procederá inmediatamente a elegir por votación a uno de ellos Presidente; y si ninguna de estas dos personas ha obtenido una mayoría de votos, la Cámara de igual manera seleccionará entre las cinco personas con mayor número de votos la que ha de ser Presidente. Al seleccionar al Presidente la votación se efectuará por Estados cuyos representantes poseerán un voto. El quórum para tales efectos se integrará con el miembro o miembros de las dos terceras partes de los Estados, y se habrá de contar con una mayoría de todos estos para hacer tal selección. En cualquier caso, una vez elegido el Presidente, la persona que haya obtenido mayor número de votos será el Vicepresidente. Y si dos o más personas han recibido un número igual de votos, el Senado elegirá por votación cuál de ellas será el Vicepresidente.

El Congreso fijará la fecha en que se nombrará a los compromisarios y el día en que habrán de votar, el cual será el mismo para toda la República.

Ninguna persona que no haya nacido en los Estados Unidos, o no sea ciudadana de los mismos al promulgarse la presente Constitución, podrá aspirar al cargo de Presidente, como tampoco si no ha cumplido los treinta y cinco años de edad y no ha residido en los Estados Unidos por espacio de catorce.

Si el Presidente fuese destituido, falleciese, renunciase, o se hallase incapacitado para el desempeño de su cargo, será sustituido por el Vicepresidente. Y si ambos, Presidente y Vicepresidente fuesen destituidos, falleciesen, renunciasen o se hallasen incapacitados para desempeñar sus cargos respectivos, el Congreso habrá de determinar mediante una ley quién será el Presidente, y a la persona así designada le tocará desempeñar el cargo hasta que se subsane dicho impedimento o se elija a un nuevo Presidente.

En fechas señaladas el Presidente recibirá una remuneración por sus servicios, la cual no habrá de incrementarse o disminuirse durante su mandato. Tampoco podrá recibir en dicho período ningún tipo de emolumento de los Estados Unidos ni de ninguno de sus estados integrantes.

Antes de tomar posesión de su cargo, el Presidente hará este juramento o declaración bajo palabra: "Solemnemente juro (o afirmo) que con toda lealtad he de desempeñar el cargo de Presidente de los Estados Unidos y que, hasta donde alcancen mis fuerzas, he de guardar, proteger y defender la Constitución de los mismos.

Sección 2. El Presidente será el Comandante en jefe del Ejército y la Marina de los Estados Unidos, así como de la milicia de todos los Estados cuando se le llame para servir a los Estados Unidos; en todo momento podrá exigir dictamen por escrito al funcionario principal de cualquiera de las dependencias del Poder ejecutivo sobre toda materia que guarde relación con los deberes adscritos a sus respectivos cargos. También podrá el Presidente conceder indultos por delitos contra los Estados Unidos, salvo cuando los acusados de tales delitos sean funcionarios públicos.

Contando en todo momento con el consejo y anuencia del Congreso, el Presidente podrá celebrar tratados siempre y cuando los aprueben las dos terceras partes de los Senadores presentes, y de igual manera nombrará a los agentes diplomáticos y consulares, a los jefes del Tribunal Supremo y a todos los demás funcionarios del Gobierno de los Estados Unidos cuyos nombramientos no quedan señalados por esta Constitución, y que deberán ser prescritos por la ley. Ahora bien, el Congreso podrá, siempre mediante ley, confiar tales nombramientos ya al Presidente ya a los tribunales de justicia o ya a los jefes de departamento.

El Presidente podrá cubrir las vacantes que resultaren mientras no esté convocado el Congreso, otorgando estos cargos en comisión, los cuales expirarán a la terminación de la siguiente legislatura.

Sección 3. En fechas señaladas, el Presidente habrá de informar al Congreso del estado en que se halla la Unión y someter a su consideración las medidas que estime convenientes y oportunas. En toda ocasión extraordinaria podrá el Presidente convocar ambas Cámaras, o cualquiera de ellas, y si no logran ponerse de acuerdo entre sí sobre la fecha en que deban suspenderse las sesiones, las podrá suspender él por el tiempo que considere oportuno. El Presidente recibirá a los embajadores y demás diplomáticos, cuidará del fiel cumplimiento de las leyes, y dará las comisiones que considere pertinentes a todos los funcionarios del Gobierno.

Sección 4. Serán destituidos de sus cargos respectivos el Presidente, Vicepresidente y demás funcionarios públicos del Gobierno cuando sean acusados y convictos de traición, soborno, u otros delitos graves.

Artículo III

Sección 1. El Poder judicial de los Estados Unidos residirá en un Tribunal Supremo, y en aquellos tribunales inferiores que el Congreso decida ir estableciendo. Todos los jueces, tanto los del Tribunal Supremo como de los tribunales inferiores, desempeñarán sus respectivos cargos con irreprochable conducta. En fechas determinadas recibirán la debida remuneración por sus servicios, la cual no habrá de disminuir durante la prestación de los mismos.

Sección 2. El Poder judicial entenderá en todos los casos, de justicia y de equidad, que surjan de esta Constitución, de las leyes de los Estados Unidos y de los tratados presentes o futuros concertados por su autoridad; entenderá asimismo en todos los casos que afecten a los agentes diplomáticos y consulares, así como en los que competen a la jurisdicción marítima; en las controversias en que sean parte los Estados Unidos, y en las que se susciten entre dos o más Estados, entre un Estado y los ciudadanos de otro, entre los ciudadanos de diferentes Estados, entre los ciudadanos de un mismo Estado que reclamen concesiones de tierras de diferentes Estados, y entre un Estado o los ciudadanos del mismo y naciones, ciudadanos o súbditos extranjeros.

En cuantos casos afecten a agentes diplomáticos y consulares, así como en aquellos en que un Estado sea parte, conocerá el Tribunal Supremo en única instancia. En todos ellos resolverá también en apelación sean de hecho o de derecho, salvo las excepciones que dicte y los reglamentos que establezca el Congreso.

Un jurado dictaminará sobre los hechos en todos los delitos, excepto cuando se acuse a un funcionario público; y estos juicios habrán de celebrarse dentro del Estado que ha sido escenario del crimen. Pero, al no cometerse dentro de la jurisdicción de ningún Estado, el Congreso dictará una ley fijando el lugar o lugares donde han de celebrarse.

Sección 3. Se entenderá por traición contra los Estados Unidos todo acto de guerra contra ellos o de connivencia con el enemigo brindándole ayuda o cobijo. A ninguna persona se la podrá acusar de traición a menos que se haga bajo testimonio de dos testigos sobre el mismo hecho o por confesión ante los tribunales.

El Congreso dispondrá el castigo por traición, pero ninguna sentencia de traición llevará deshonra ni confiscación sino por el tiempo que haya de durar la vida de la persona condenada.

Artículo IV

Sección 1. En todo Estado se dará plena fe y reconocimiento a las actas públicas, documentos y procedimientos judiciales de los demás Estados. Y corresponderá al Congreso mediante la debida ley, determinar cómo se han de comprobar estas actas, documentos y procedimientos judiciales, así como sus efectos.

Sección 2. Los ciudadanos de cada Estado gozarán de los mismos privilegios e inmunidades que los de los demás Estados.

La persona a quien se acuse en un Estado de traición, fechoría u otros delitos, y que logre eludir la acción de la justicia de este Estado refugiándose en otro, si en este fuere hallada será entregada a instancia del Poder ejecutivo del Estado de que haya huido, el cual a su vez la pondrá a disposición del Estado que tenga jurisdicción sobre el delito cometido.

Ninguna persona que, hallándose sujeta a servicio o trabajo en un Estado, y bajo las leyes vigentes en el mismo, se escape a otro podrá, por ley ni reglamento de este otro Estado, quedar libre de tal servicio o trabajo, sino que será entregada a instancia de la persona a la que se deban dicho servicio o trabajo.

Sección 3. Es posible la admisión de nuevos Estados a la Unión a instancia del Congreso; pero no se formará Estado alguno dentro de la jurisdicción de otro; ni tampoco se formará Estado alguno mediante la fusión total o parcial de dos o más Estados, salvo los casos en que se cuente con la anuencia de los Poderes legislativos correspondientes y del Congreso.

Sección 4. Los Estados Unidos garantizan a todos los Estados de la Unión un sistema de gobierno republicano, y los protegerán contra toda invasión; y, mediante la ley o el ejercicio del Poder ejecutivo (cuando el Legislativo no pudiere convocarse), los protegerá asimismo contra cualquiera sedición nacional.

Artículo V

El Congreso, siempre que lo acuerden las dos terceras partes de ambas Cámaras, propondrá enmiendas a la presente Constitución, o, de acuerdo con el Poder legislativo de las dos terceras partes de los Estados, los convocará a Asamblea general con el susodicho fin. En uno u otro caso, valdrán las enmiendas como parte de esta Constitución, cuando sean ratificadas por los Poderes legislativos de las tres cuartas partes de los Estados o las reuniones en Asamblea general de las tres cuartas partes de los mismos, ya que el Congreso puede proponer ciertas ratificaciones siempre y cuando ninguna de las enmiendas propuestas con anterioridad al año mil ochocientos ocho modifiquen en forma alguna las cláusulas primera y cuarta de la Sección 9 del Artículo I, ni ninguno de los Estados pierda sin su consentimiento el sufragio a que en el Senado tiene derecho.

Artículo VI

Todas las deudas y compromisos contraídos antes de promulgarse esta Constitución, obligan por igual a cada uno de los Estados integrados en ella y a ella en su conjunto.

Esta Constitución y todas las leyes de los Estados Unidos que en virtud de la misma se dicten, y todos los tratados concertados o que se concierten bajo la autoridad de los mismos, serán la ley suprema del país, que los jueces de los Estados han de obedecer y aplicar, sin que en nada valga lo que en contrario pueda decirse en la Constitución o en las leyes de cualquier Estado.

Los Senadores y Representantes ya mencionados, los miembros de las legislaturas de los Estados y todos los funcionarios del Poder ejecutivo o judicial, bien de los Estados Unidos o de los diferentes Estados que los constituyen, quedarán moralmente obligados bajo juramento o palabra de honor a brindar todo su apoyo a la presente Constitución; pero no podrá exigirse nunca profesión de fe religiosa como requisito para aspirar a cargos públicos o de confianza en los Estados Unidos.

Artículo VII

Bastará la ratificación de las Asambleas generales de nueve Estados para que esta Constitución se tenga por promulgada entre los Estados que la ratifiquen. Promulgada en Asamblea general con el consentimiento unánime de todos los Estados aquí presentes, este séptimo día de septiembre del año mil setecientos ochenta y siete de Nuestro Señor y duodécimo de la Independencia de los Estados Unidos. En fe de lo cual la hemos subscrito.

Go. Washington, President and Deputy from Virginia; Attest William Jackson, Secretary; Delaware: Geo. Read, Gunning Bedford, Jr., John Dickinson, Richard Bassett, Jaco. Broom; Maryland: James McHenry, Daniel of St. Thomas Jenifer, Daniel Carroll; Virginia: John Blair, JamesMadison, Jr.; North Carolina: Wm. Blount, Richd. Dobbs Spaight, Hu Williamson; South Carolina: J. Rutledge, Charles Cotesworth Pinckney, Charles Pinckney, Pierce Butler; Georgia: William Few, Abr. Baldwin; New Hampshire: John Langdon, Nicholas Gilman; Massachusetts: Nathaniel Gorham, Rufus King; Connecticut: Wm. Saml. Johnson, Roger Sherman; New York: Alexander Hamilton; New Jersey: Wil. Livingston, David Brearley, Wm. Paterson, Jona. Dayton; Pennsylvania: B. Franklin, Thomas Mifflin, Robt. Morris, Geo. Clymer, Thos. FitzSimons, Jared Ingersoll, James Wilson, Gouv. Morris.

Nota:

Como queda visto, la Constitución original consta de un total de siete artículos a los que se le añadieron 27 enmiendas a través de los años. Parte de estas enmiendas, de hecho las primeras, se adoptaron y propusieron por el Primer Congreso en su primera sesión celebrada en la Ciudad de Nueva York el 25 de septiembre de 1789, siendo posteriormente ratificadas por los distintos estados de la Unión. Las diez primeras enmiendas, eliminadas las dos primeras, es decir, la número uno y dos, se conocieron entonces y se conocen hoy como la *Declaración de Derechos* (The Bill of Rights). En otras palabras, se revocaron las enmiendas uno y dos originales y se ratificaron de la tres hasta la doce.

Declaración de Derechos

El texto que sigue es una transcripción de las diez primeras enmiendas a la Constitución en su forma original. Fueron ratificadas el 15 de diciembre de 1791 y constituyeron lo que se conoce hoy por el "Bill of Rights" o "Declaración de Derechos".

Artículo I

Se guardará el Congreso de promulgar ley alguna que prohíba el libre culto de la religión y el libre ejercicio de la misma, así como de despojar al ciudadano de la libertad de expresión o de prensa o del derecho a reunirse pacíficamente o a exigirle al Gobierno compensación por agravios.

Artículo II

No se vedará al pueblo su derecho a mantener una milicia bien organizada, tan necesaria para salvaguardar la seguridad de un Estado libre, así como tampoco su derecho a guardar y portar armas.

Artículo III

Ni en tiempo de paz ni de guerra se podrá alojar a ningún soldado en casa ajena sin contar para ello con el consentimiento de su propietario, salvo en la forma prescrita por la ley.

Artículo IV

No se violará el derecho del ciudadano a proteger su persona, morada, documentos y demás bienes, así como el de rechazar registros en su propiedad y embargos desmedidos. No se emitirán órdenes de registro de ninguna propiedad sin que exista causa justificada y sin que sean apoyadas por juramento o afirmación, y describiendo en todo caso con particular detalle el lugar que se ha de registrar, así como las personas o cosas que hayan de ser objeto de embargo.

Artículo V

A ninguna persona se le exigirá dar cuenta de un delito capital o infame salvo en presencia de un Gran Jurado de acusación, excepto en aquellos casos que surjan en las fuerzas terrestres y marítimas o en la propia milicia en tiempos de guerra, o cuando se halle en peligro la seguridad nacional. De igual forma, ninguna persona será procesada más de una vez por el mismo delito, ni se le exigirá en ningún caso criminal ser testigo contra sí misma, ni se le privará de su derecho a la vida, a la libertad ni a la posesión de sus bienes, sin sometérsela al debido procedimiento judicial. Tampoco se podrá despojar al ciudadano de su propiedad para uso del Estado sin la debida compensación.

Artículo VI

En todos los procesos criminales el acusado tendrá derecho a que se le enjuicie públicamente y sin demora, y el juicio habrá de celebrarse ante un jurado imparcial del Estado y de la misma jurisdicción bajo la cual dicho delito se haya cometido, jurisdicción que será previamente determinada por la ley. Asimismo, el acusado tendrá derecho a que se le informe debidamente de la causa de su acusación, a ser careado con el testigo que le acusa, a obtener un testigo de descargo y, por último, a contar con los servicios de un abogado para su defensa.

Artículo VII

En todos los litigios de derecho consuetudinario en los cuales el valor controvertido sobrepase los veinte dólares, habrá de preservarse el derecho a juicio por jurado, y nada de lo que en dicho juicio se diga o haga podrá volver a examinarse en ningún otro tribunal de los Estados Unidos, salvo cuando se haga de conformidad con las normas del propio derecho consuetudinario.

Artículo VIII

No se exigirán fianzas ni se impondrán multas excesivas ni se infligirán castigos crueles o inusitados.

Artículo IX

No habrán de interpretarse ciertos derechos que establece esta Constitución en forma tal que nieguen o menoscaben otros derechos que son patrimonio del pueblo.

Artículo X

Los poderes que esta Constitución no delegare a los Estados Unidos, y los que la misma no prohíba a los Estados integrantes de la Confederación, habrán de reservarse para los Estados respectivos o para el pueblo.

Alocución de Gettysburg

Ochenta y siete años hace que nuestros antepasados forjaron en este continente una nueva nación bajo el signo de la libertad y fundada en el principio de que todos los hombres han sido creados iguales.

Nos hallamos ahora empeñados en una cruenta guerra civil, y en ella estamos poniendo a prueba si esta nación, o cualquiera otra nacida bajo igual signo y fundada en igual principio, es capaz de perdurar.

Estamos en un gran campo de batalla de dicha guerra, y nos hemos reunido en él con el propósito de consagrar una parte del mismo como lugar de último reposo para los que aquí inmolaron sus vidas en la esperanza de que nuestra nación pudiera subsistir. Nada más justo y apropiado podríamos hacer.

Pero, si bien lo consideramos, no nos es lícito dedicar ni consagrar este reverendo puñado de tierra, pues los valientes, vivos y muertos, que aquí pelearon ya lo han hecho por sí mismos mucho mejor que nosotros pudiéramos hacerlo.

El mundo en poco tendrá y no por muy largo tiempo recordará lo que aquí queda dicho; pero jamás habrá de olvidar lo que en este lugar aquellos hombres hicieron. Lo que más bien nos corresponde a nosotros es comprometernos ahora a rematar la labor tan noblemente comenzada por ellos. Somos nosotros quienes debemos consagrarnos a la inmensa tarea que tenemos por delante; quienes emulando la devoción de estos muertos venerables hemos de entregarnos sin reservas a la causa por que ellos dieron con su vida la prueba suprema de abnegación. Juremos, pues, aquí solemnemente, que aquellos hombres no sucumbieron en vano; que nuestra nación, bajo el amparo de Dios, gozará de una renacida libertad, y que el gobierno del pueblo, por el pueblo y para el pueblo no desaparecerá jamás de la haz de la tierra.

Apéndice

Las 27 Enmiendas a la Constitución

Como queda dicho, estas diez primeras enmiendas a la Constitución llegaron a constituir la Declaración de Derechos.

Artículo I

Se guardará el Congreso de promulgar ley alguna que prohiba el libre culto de la religión y el libre ejercicio de la misma, así como de despojar al ciudadano de la libertad de expresión o de prensa o del derecho a reunirse pacíficamente o a exigirle al Gobierno compensación por agravios.

Artículo II

No se vedará al pueblo su derecho a mantener una milicia bien organizada, tan necesaria para salvaguardar la seguridad de un Estado libre, así como tampoco su derecho a guardar y portar armas.

Artículo III

Ni en tiempo de paz ni de guerra se podrá alojar a ningún soldado en casa ajena sin contar para ello con el consentimiento de su propietario, salvo en la forma prescrita por la ley.

Artículo IV

No se violará el derecho del ciudadano a proteger su persona, morada, documentos y demás bienes, así como el de rechazar registros de su propiedad y embargos desmedidos. No se emitirán órdenes de registro de ninguna propiedad sin que exista causa justificada y sin que sean apoyadas por juramento o afirmación, describiendo en todo caso con particular detalle el lugar que se ha de registrar, así como las personas o cosas que hayan de ser objeto de embargo.

Artículo V

A ninguna persona se le exigirá dar cuenta de un delito capital o infame salvo en presencia de un Gran Jurado de acusación, excepto en aquellos casos que surjan en las fuerzas terrestres y marítimas o en la propia milicia en tiempos de guerra, o cuando se halle en peligro la seguridad nacional. De igual forma, ninguna persona será procesada más de una vez por el mismo delito, ni se le exigirá en ningún caso criminal ser testigo contra sí misma, ni se le privará de su derecho a la vida, a la libertad ni a la posesión de sus bienes, sin sometérsela al debido procedimiento judicial. Tampoco se podrá despojar al ciudadano de su propiedad para uso del Estado sin la debida compensación.

Artículo VI

En todos los procesos criminales el acusado tendrá derecho a que se le enjuicie públicamente y sin demora, y el juicio habrá de celebrarse ante un Jurado imparcial del Estado y de la misma jurisdicción bajo la cual dicho delito se haya cometido, jurisdicción que será previamente determinada por la ley. Asimismo, el acusado tendrá derecho a que se le informe debidamente de la causa de su acusación, a ser careado con el testigo que le acusa, a obtener un testigo de descargo y, por último, a contar con los servicios de un abogado para su defensa.

Artículo VII

En todos los litigios de derecho consuetudinario en los cuales el valor controvertido sobrepase los veinte dólares, habrá de preservarse el derecho a juicio por Jurado, y nada de lo que en dicho juicio se diga o haga podrá volver a examinarse en ningún otro tribunal de los Estados Unidos, salvo cuando se haga en conformidad con las normas del propio derecho consuetudinario.

Artículo VIII

No se exigirán fianzas ni se impondrán multas excesivas ni se infligirán castigos crueles o inusitados.

Artículo IX

No habrán de interpretarse ciertos derechos que establece esta Constitución en forma tal que nieguen o menoscaben otros derechos que son patrimonio del pueblo.

Artículo X

Los poderes que esta Constitución no delegare a los Estados Unidos, y los que la misma no prohíba a los Estados integrantes de la Confederación, habrán de reservarse para los Estados respectivos o para el pueblo.

Artículo XI

Aprobada por el Congreso el 4 de marzo de 1794. Ratificada el 7 de febrero de 1795.

No habrá de interpretarse el Poder Judicial de los Estados Unidos de manera que abarque todos los litigios, así de justicia como de equidad, que los ciudadanos de un Estado o los ciudadanos o súbditos de una nación extranjera puedan plantear a uno de los Estados.

Artículo XII

Aprobada por el Congreso el 9 de diciembre de 1803. Ratificada el 15 de junio de 1804.

Los electores habrán de reunirse en sus Estados respectivos y elegir por votación el Presidente y Vicepresidente, de los cuales uno al menos no podrá ser residente del mismo Estado de dichos electores. Nombrarán en sus papeletas de votación a la persona por la que se ha votado para Presidente, y en papeletas de votación diferentes a aquella que se ha votado para Vicepresidente y confeccionarán por separado las listas de cuantas personas hayan sido votadas ya para Presidente ya para Vicepresidente, así como el número de votos que a tales efectos haya recibido cada uno. A continuación los electores procederán a firmar y certificar este documento, una vez sellado, el cual se transmitirá a la sede del Gobierno de los Estados Unidos, dirigido al presidente del Senado. En este momento, y en presencia del Senado y de la Cámara de Representantes, el susodicho presidente del Senado dará orden de que se abran todos los certificados y se procederá a hacer el cómputo de los votos. La persona que haya obtenido el mayor número de ellos para el cargo de Presidente así será nombrada, siempre y cuando dicho número represente una mayoría del total de electores; y en el caso de que nadie haya obtenido mayoría, la Cámara de Representantes elegirá por votación a quien haya de ser Presidente, lo cual hará entre los tres candidatos con mayor votación para dicho cargo. Al elegir al Presidente, la votación se hará por Estados, cada uno de los cuales poseerá un voto; el quórum a tal efecto quedará constituido por el miembro o miembros de las dos terceras partes de los Estados, y para poder llevar a cabo tal nombramiento será imprescindible la representación de la mayoría de todos los Estados. Y cuando la Cámara de Representantes no esté en condiciones de elegir Presidente, siempre que tal responsabilidad le sea conferida con anterioridad al cuatro de marzo siguiente, le corresponderá ocupar el cargo al Vicepresidente, de la misma forma que si el Presidente hubiese fallecido o se encontrase incapacitado. La persona que haya recibido el mayor número de votos para el cargo de Vicepresidente, así será nombrada siempre y cuando dicho número represente una mayoría de los electores; y si nadie ha obtenido tal mayoría de votos corresponderá al Senado elegir al Vicepresidente, lo cual hará entre los dos candidatos con mayor votación para dicho cargo; el quórum a este efecto quedará constituido por las dos terceras partes del total de Senadores, y una mayoría de la totalidad de éstos será imprescindible para llevar a cabo tal nombramiento. Ahora bien, ninguna persona a la que constitucionalmente se considere inelegible para el cargo de Presidente podrá considerarse elegible para el de Vicepresidente de los Estados Unidos.

Artículo XIII

Aprobada por el Congreso el 31 de enero de 1865. Ratificada el 6 de diciembre de 1865.

Sección 1. Queda prohibida en los Estados Unidos y en cualquier lugar de su territorio sujeto a la jurisdicción de los mismos la esclavitud y la servidumbre involuntaria, salvo en los casos en que se impongan como castigo por algún crimen y previa la correspondiente condena en la forma que la ley establezca.

Sección 2. El Congreso estará plenamente facultado para asegurar el cumplimiento de este artículo mediante la correspondiente y circunstanciada reglamentación.

Artículo XIV

Aprobada por el Congreso el 13 de junio de 1866. Ratificada el 9 de julio de 1868.

Sección 1. Toda persona que haya nacido o se haya naturalizado en los Estados Unidos y que en consecuencia quede sujeta a su jurisdicción, es ciudadana del país y del estado en que resida. Ningún Estado promulgará o hará cumplir ley alguna que menoscabe los privilegios o inmunidades de los ciudadanos de los Estados Unidos, así como tampoco podrá privar al ciudadano de su derecho a la vida, a la libertad y a la posesión de bienes sin ser sometida al correspondiente procedimiento judicial; ni se le ha de negar a tal persona dentro de la jurisdicción de este Estado igual protección ante las leyes.

Sección 2. Serán distribuidos los Representantes dentro de los distintos Estados en orden proporcional según sus números respectivos contando el número total de personas en cada Estado, si bien excluyendo a los indios que no pagan tributo. Pero cuando se niegue a un residente varón de un Estado que cuente veinticinco años cumplidos y sea ciudadano de los Estados Unidos el derecho a votar en cualquier elección en que haya de elegirse a los Compromisarios que a su vez elegirán el Presidente y el Vicepresidente de los Estados Unidos, así como los representantes en el Congreso, los funcionarios ejecutivos o judiciales de un Estado, o los miembros de la Legislatura de los mismos, o bien de algún modo se menoscabe el derecho de tal individuo, salvo cuando se le halle culpable de rebelión o cualquier otro delito, las bases de representación se habrán de reducir proporcionalmente al número total de ciudadanos varones que hayan cumplido los veintiún años en tal Estado.

Sección 3. No podrá llegar a ser Senador, Representante en el Congreso o Compromisario para la elección de Presidente o Vicepresidente de los Estados Unidos, ni tampoco ocupar cargo alguno, militar o civil, en el Gobierno de los mismos o en el de ninguno de sus Estados integrantes, quien, como miembro del Congreso, como funcionario de los Estados Unidos, como miembro de la Legislatura de cualquier Estado, así como funcionario ejecutivo o judicial de uno de los Estados, no haya jurado previamente dar su total acatamiento a la Constitución de los Estados Unidos y, pese a ello, haya participado en un acto de insurrección o rebelión contra los Estados Unidos, brindándole auxilio al enemigo. Ahora bien, lo dicho puede quedar sin efecto mediante votación de las dos terceras partes de la Cámara.

Sección 4. No se pondrá en tela de juicio la validez de la deuda pública de los Estados Unidos debidamente autorizada por la ley, e incluyendo toda la que se haya contraído para el pago de pensiones y subvenciones extraordinarias por servicios conducentes a sofocar insurrecciones o rebeliones. Ahora bien, ni los Estados Unidos ni ninguno de los Estados que lo integran podrán pagar deuda alguna contraída para dar ayuda cualquier acto de insurrección o rebelión contra los Estados Unidos, o cualquier reclamación para la emancipación de los esclavos. Tales deudas, obligaciones o reclamaciones carecerán por completo de validez y, consecuentemente, se declararán ilegales.

Sección 5. El Congreso queda plenamente facultado para dar cumplimiento a este artículo mediante la correspondiente reglamentación.

Artículo XV

Aprobada por el Congreso el 26 de febrero de 1869. Ratificada el 3 de febrero de 1870.

123

Sección 1. Todo ciudadano de los Estados Unidos tendrá pleno derecho al sufragio. derecho que ni los Estados Unidos ni ninguno de los Estados que los integran le podrán negar o menoscabar al ciudadano por causa de su raza, del color de su piel, o por haber sido esclavo.

Sección 2. El Congreso quedará plenamente facultado para dar cumplimiento a este artículo mediante la correspondiente reglamentación.

Artículo XVI

Aprobada por el Congreso el 2 de julio de 1909. Ratificada el 3 de febrero de 1913.

Tendrá el Congreso plenas facultades para imponer y recaudar tributos sobre la renta, sea cual sea la fuente de que ésta derive, y no se hará tomando por base la distribución entre los Estados o cualquier otro censo que pudiera haberse hecho.

Artículo XVII

Aprobada por el Congreso el 13 de mayo de 1912. Ratificada el 18 de abril de 1913.

El Senado de los Estados Unidos se formará con dos Senadores por cada Estado, elegidos cada seis años por el pueblo del mismo; y cada Senador tendrá un voto. Los electores de cada Estado poseerán las calificaciones requeridas para tal cargo de la rama más numerosa de la Legislatura estatal.

Al quedar vacante en el Senado la representación de un Estado, la autoridad ejecutiva competente la proveerá mediante un decreto electoral, pero no sin haber sido investida previa y formalmente con tal facultad, que le otorgará la Legislatura del Estado. Provista así la vacante podrán los nuevos Senadores designados del modo susodicho por la autoridad ejecutiva, hacer nombramientos interinos, que serán válidos hasta que el propio pueblo elija por votación y siguiendo las pautas de la Legislatura quienes han de ocupar con carácter definitivo las mentadas vacantes.

Esta enmienda no habrá de interpretarse de forma tal que de algún modo afecte la elección o mandato de un Senador al que se le haya elegido con anterioridad a la vigencia de dicha enmienda como parte de esta Constitución.

Artículo XVIII

Aprobada por el Congreso el 18 de diciembre de 1917. Ratificada el 16 de enero de 1919. Revocada por la enmienda 21.

Sección 1. Transcurrido un año de la ratificación de este artículo queda prohibida la fabricación, venta o transporte de bebidas alcohólicas para consumo interior de los Estados Unidos, así como su importación o exportación por los Estados Unidos y su territorio.

Sección 2. El Congreso y los Estados quedan facultados para dar cumplimiento a este artículo mediante la reglamentación correspondiente.

Sección 3. Este artículo quedará sin efecto a menos que sea ratificado por las Legislaturas de los Estados como una enmienda a la Constitución, según la misma establece, dentro de un período de siete años a partir de la fecha en que fue sometido por el Congreso a los Estados.

Artículo XIX

Aprobada por el Congreso el 4 de junio de 1919. Ratificada el 18 de agosto de 1920.

Todo ciudadano de los Estados Unidos tendrá pleno derecho al sufragio, derecho que ni los Estados Unidos ni ninguno de los Estados que los integran podrán negar o menoscabar al ciudadano por razón de su sexo.

El Congreso queda plenamente facultado para hacer cumplir este artículo mediante la correspondiente reglamentación.

Artículo XX

Aprobada por el Congreso el 2 de marzo de 1932. Ratificada el 23 de enero de 1933.

Sección 1. Terminarán los mandatos del Presidente y Vicepresidente el día veinte de enero al mediodía, y los de los Senadores y Representantes el tres de enero, al mediodía también, de aquellos años en que dichos mandatos hubiesen terminado de no haberse ratificado dicho artículo. En dichos días y horas comenzarán los mandatos de sus sucesores.

Sección 2. El Congreso habrá de reunirse al menos una vez por año, comenzando el mismo día tres de enero al mediodía, salvo que por ley se estipule otro día diferente.

Sección 3. Si falleciese el Presidente electo en el momento en que ha de dar comienzo su mandato, ocupará este cargo el Vicepresidente electo. Y si no se ha elegido Presidente antes de la fecha en que un nuevo Presidente deba comenzar su mandato, o si el Presidente electo no se encuentra en condiciones de desempeñar su cargo, sean cualesquiera las causas de ello, lo ocupará el Vicepresidente electo, en tanto no sea nombrado un Presidente que llene todos los requisitos. Y si el Presidente o Vicepresidente electos no se hallaren en condiciones de desempeñar sus respectivos cargos, se pondrá el caso a disposición del Congreso, el cual decidirá mediante una ley quién ha de ocupar la Presidencia, o la forma en que se ha de elegir provisionalmente a un Presidente. Esta persona ejercerá el cargo de Presidente interino hasta que se elijan nuevos Presidente y Vicepresidente.

Sección 4. Cuando se encomiende a la Cámara de Representantes la elección de Presidente, y la persona destinada a este cargo falleciere, el Congreso establecerá mediante una ley los trámites a seguir. Y de igual manera lo hará cuando le corresponda al Senado elegir Vicepresidente y falleciere la persona destinada a tal cargo.

Sección 5. Las Secciones 1 y 2 entrarán en vigor el 15 de octubre siguiente a la ratificación de este artículo.

Sección 6. Este artículo quedará sin efecto a menos que sea ratificado como enmienda a la Constitución por las Legislaturas de las tres cuartas partes de los Estados dentro de un período de siete años a partir de la fecha en que fue sometido a las mismas por el Congreso.

Artículo XXI

Aprobada por el Congreso el 20 de febrero de 1933. Ratificada el 5 de diciembre de 1933.

Sección 1. Por la presente queda derogado el artículo 18 de la enmienda a la Constitución

Sección 2. El transporte o importación de bebidas alcohólicas con fines de consumo en cualquier Estado, territorio o posesión de los Estados Unidos será considerado como una violación de sus leyes, por cuanto la presente Constitución lo prohíbe.

Sección 3. Este artículo quedará sin efecto a menos que sea ratificado como enmienda a la Constitución mediante acuerdo con los Estados y en la forma que la misma establece, dentro del término de siete años contados a partir de la fecha en que fue sometido a los Estados por el Congreso.

Artículo XXII

Aprobada por el Congreso el 21 de marzo de 1947. Ratificada el 27 de febrero de 1951.

Sección 1. Nadie podrá ser elegido Presidente más de dos veces, y ninguna persona que en substitución de otra y con carácter interino haya actuado como Presidente por más de dos años del mandato que correspondiese a la persona substituida, podrá ser elegida Presidente más de una vez. Ahora bien, este artículo no tendrá efecto para la persona que ocupase el cargo de Presidente cuando el mismo fuese propuesto al Congreso, y no habrá de impedirle a la persona que ocupase dicho cargo de Presidente a propuesta del Congreso, ni habrá de ser impedimento a estos efectos para la persona que desempeñase dicho cargo de Presidente o lo fuese interinamente durante el resto de dicho término.

Sección 2. Este artículo quedará sin efecto a menos que sea ratificado como enmienda a la Constitución por las Legislaturas de las tres cuartas partes de los Estados, dentro de un período de siete años contados a partir de la fecha en que fue sometido por el Congreso a los Estados.

Artículo XXIII

Aprobada por el Congreso el 16 de junio de 1960. Ratificada el 29 de marzo de 1961.

Sección 1. El Distrito que se constituya en sede del Gobierno de los Estados Unidos podrá nombrar de conformidad con lo que el Congreso disponga:

Un número de Compromisarios para elegir al Presidente y al Vicepresidente y que será igual al del total de Senadores y Representantes en el Congreso a los que tuviese derecho tal Distrito en el supuesto de que fuese un Estado; pero dicho número en ningún caso será el que corresponda al Estado con menos población. Estos

128

Compromisarios serán agregados a los que ya han sido nombrados por los Estados correspondientes, pero a los efectos de la elección del Presidente y del Vicepresidente, serán considerados como tales Compromisarios y oportunamente habrán de reunirse en el susodicho Distrito gubernamental y cumplir cuantos deberes le impone el artículo 12 de la enmienda.

Sección 2. El Congreso queda plenamente facultado para hacer cumplir este artículo mediante la pertinente reglamentación.

Artículo XXIV

Aprobada por el Congreso el 27 de agosto de 1962. Ratificada el 23 de enero de 1964.

Sección 1. Todo ciudadano de los Estados Unidos tendrá pleno derecho al sufragio en las elecciones primarias u otras cualesquiera para Presidente o Vicepresidente, para los Compromisarios que hayan de elegir a éstos, así como para Senadores o Representantes en el Congreso; y este derecho ni los propios Estados Unidos ni ninguno de los Estados que los integran podrán negar o menoscabar al ciudadano por razón de no haber pagado éste algún tributo, ya sea de capitación o de cualquier otro tipo.

Sección 2. El Congreso queda plenamente facultado para asegurar el cumplimiento de este artículo mediante la reglamentación pertinente.

Artículo XXV

Aprobada por el Congreso el 6 de julio de 1965. Ratificada el 10 de febrero de 1967.

Sección 1. Por destitución, fallecimiento o renuncia del Presidente pasará a ocupar el cargo de éste el Vicepresidente.

Sección 2. Al quedar vacante el puesto de Vicepresidente, el Presidente nombrará a un nuevo Vicepresidente, el cual tomará posesión de su cargo una vez confirmado por la mayoría de votos de las dos Cámaras del Congreso.

Sección 3. Cuando el Presidente se vea imposibilitado de desempeñar las funciones de su cargo, y habiéndoselo comunicado así por escrito al presidente interino del Senado y al de la Cámara de Representantes, en tanto no se notifique por escrito lo contrario, dichas funciones corresponderán al Vicepresidente, quien actuará como Presidente interino.

Sección 4. En caso de que el Vicepresidente y una mayoría de directores de los diversos departamentos del Poder ejecutivo, o bien cualquier otro organismo que mediante ley designase el Congreso, tengan a bien comunicar por escrito al presidente interino del Senado y al de la Cámara de Representantes, que el Presidente en ejercicio no se halla en condiciones de continuar sus labores presidenciales, el Vicepresidente tomará posesión de la Presidencia con el carácter de Presidente interino.

A partir de este momento, cuando el Presidente estime que el susodicho impedimento ha desaparecido, y lo comunique así por escrito al presidente interino del Senado y al presidente de la Cámara de Representantes, volverá a tomar posesión de su cargo, a menos que el Vicepresidente y una mayoría de directores de los diversos departamentos del Poder ejecutivo, o bien cualquier otro organismo que mediante ley designe el Congreso, hagan llegar un comunicado escrito al presidente interino del Senado y al presidente de la Cámara de Representantes, comunicado en el cual se declare que el Presidente no se halla en condiciones de proseguir en el desempeño de sus labores. En tal punto la cuestión deberá ponerse a la disposición del Congreso, el cual habrá de convocarse a tal efecto, de no hallarse reunido en sesión, dentro de un término de cuarenta y ocho horas. Si el Congreso dentro de un período de veintiún días a partir de la fecha en que le fue entregada la susodicha declaración escrita, o si el

Congreso no está en sesión dentro de un período de veintiún días a partir de la fecha en que se suponía que lo hiciese, determinase por votación de las dos terceras partes de ambas Cámaras que en Presidente no se halla en condiciones de continuar sus labores, el Vicepresidente continuará desempeñando las mismas como Presidente interino; de lo contrario, el Presidente reanudará las funciones y deberes de su cargo.

Artículo XXVI

Aprobada por el Congreso el 23 de marzo de 1971. Ratificada el 1º. de julio de 1971.

Sección 1. Ni los Estados Unidos ni ninguno de sus Estados integrantes podrán negar o menoscabar el derecho al sufragio de todo ciudadano mayor de dieciocho años de edad.

Sección 2. El Congreso queda plenamente facultado para dar cumplimiento a este artículo mediante la reglamentación pertinente.

Article XXVII

Propuesta originalmente el 25 de septiembre de 1789. Ratificada el 7 de mayo de 1992.

Ninguna ley mediante la que se modifiquen los honorarios de los Senadores y Representantes se efectuará hasta que haya tenido lugar una elección de los representantes.